Malkus/Pierenkemper/Schulz

Einführung in das Internationale Privatrecht

4. Auflage 2019

ISBN 978-3-86724-154-0
4. Auflage 2019

Bezug möglich direkt vom Verlag
niederle media
48341 Altenberge
Fax (02505) 93 98 99
E-Mail: info@niederle-media.de
www.niederle-media.de

Inhalt

Einführung

I. Einleitung 9

II. Klausurtechnik 11

III. Prüfungsschema 14

A. Allgemeiner Teil 16

I. Warum ein AT? 16

II. Was ist eine Kollision? 16

III. Anknüpfung 19

1. Normaufbau 19
2. Anknüpfungsarten 20
   a) rein personale Anknüpfung 20
   b) personal-lokale Anknüpfung 22
   c) rein lokale Anknüpfung 23
3. Terminologie 23
4. Anknüpfungserschleichung 24
   a) echte Gesetzesumgehung 25
   b) unechte Gesetzesumgehung 25

IV. Qualifikation 26

V. Vorfrage, Erstfrage und Teilfrage 30

VI. Verweisung und renvoi 34

1. Grundfall der Verweisung 34
2. Renvoi 35

VII. Anpassung 37

VIII. Statutenwechsel 39

IX. Ordre public **41**
1. Grundsatz 41
2. Rechtsfolge 42

X. Mehrrechtsstaaten **44**

B. Besonderer Teil **45**

I. Personenrecht **45**
1. Namensrecht 45
2. Rechtsfähigkeit 46
3. Geschäftsfähigkeit 47

II. Stellvertretung, Form, Verjährung **48**
1. Stellvertretung 48
a) Gesetzliche Stellvertretung
b) Gewillkürte Stellvertretung
2. Form 50
3. Verjährung und Verwirkung 51

III. Vertragliche Schuldverhältnisse (Rom I-VO) **52**
1. Vorrang internationaler Abkommen, insb. UN-Kaufrecht 52
a) Anwendungsbereich 52
b) Vorteile 53
c) Abwahl 54
d) Inhalt 54
2. Anwendungsbereich der Rom I-VO 55
3. Inhalt der Rom I-VO 55
a) Anknüpfung gem. Art. 3 Rom I-VO 56
b) Objektive Anknüpfung gem. Art. 4 Rom I-VO 59
c) Besonders geregelte Anknüpfungspunkte für bestimmte Verträge, Art. 5-8 Rom I-VO 62
d) Form 64
e) Rechts-, Geschäfts- und Handlungsfähigkeit 66

IV.	**Gesetzliche Schuldverhältnisse (Rom II-VO)**	**68**
1.	Anwendungsbereich	68
2.	Rechtswahl gem. Art. 14 Rom II-VO	70
3.	Spezielle Kollisionsnormen	70
	a) Deliktsrecht	70
	aa) Spezielle Anknüpfung	70
	bb) Allgemeine Anknüpfung: Art. 4 Rom II-VO	71
	cc) Reichweite des Deliktsstatus, Art. 15 – 17 Rom II-VO	74
	dd) ordre public	74
	b) Geschäftsführung ohne Auftrag	75
	c) Bereicherungsrecht	76
V.	**Sachenrecht**	**78**
1.	Allgemeines	78
2.	Art. 43 EGBGB – grundsätzlich Anknüpfung an die *lex rei sitae*	79
3.	Gutgläubiger Erwerb	80
4.	Art. 43 Abs. 2 EGBGB	82
5.	Statutenwechsel	83
	a) Abgeschlossene Tatbestände, Art. 43 Abs. 2 EGBGB	83
	b) Offene Tatbestände, Art. 43 Abs. 3 EGBGB	83
	c) Transportmittel und *res in transitu*	84
VI.	**Familienrecht**	**86**
1.	Eheschließung	86
2.	Ehewirkungen	87
3.	Ehescheidung (Rom III-VO)	90
	a) Anwendungsbereich	90
	b) Bestimmung des anwendbaren Rechts	91
4.	Nichteheliche Lebensgemeinschaften	93
5.	Gleichgeschlechtliche Partnerschaften	94
6.	Ehegüterrecht und Erbrecht	95
7.	Kindschaftsrecht	95

VII. Erbrecht (EuErbVO) 98

Prüfungsschema 98
1. Eingeschr. Rechtswahl gem. Art. 22 EuErbVO 99
2. Objektive Anknüpfung gem. Art. 21 EuErbVO 100
3. Reichweite der EuErbVO, Art. 23 EuErbVO 101
4. Form der Verfügung von Todes wegen 101
5. Ordre public, Art. 35 EuErbVO 102

VIII. Gesellschaftsrecht 104

1. Umfang der Anknüpfung im internationalen Gesellschaftsrecht – die sog. Einheitslehre 104
2. Sitz- und Gründungstheorie 105
3. Sitzverlegung und Statutenwechsel 106
4. Rechtsfolgen der Sitztheorie 107
5. Rechtsprechung des EuGH zur Niederlassungsfreiheit der Gesellschaften 108
a) Zuzugsfälle 108
b) Wegzugsfälle 110

C. Internationales Zivilverfahrensrecht 113

I. Internationale Zuständigkeit (EuGVVO) 114

1. Anwendungsbereich 114
a) Sachlich 114
b) Zeitlich 115
c) Räumlich 115
2. Zuständigkeitsregeln 116
a) Exklusive Gerichtsstände 116
b) Besondere Gerichtsstände 116
c) Gerichtsstandsvereinbarung 125
d) Allgemeiner Gerichtsstand 127

II. Sonstige Rechtsquellen 128
III. Ausländisches Recht im Prozess 128
IV. Internationale Zustellung 129
V. Anerkennung und Vollstreckung ausländischer Entscheidungen 129

▶ Vorwort

Nach der positiven Resonanz auf unser Skript „Standardfälle IPR" haben wir uns im Jahr 2012 entschlossen, die Fälle um eine Einführung in das IPR zu ergänzen.

Mittlerweile liegen die Standardfälle in der 6. Auflage vor und die weitreichenden Änderungen des Familien- und Erbrechts durch die Rom III-VO und die EuErbVO, die in der ersten Auflage noch als „Zukunftsmusik" bezeichnet wurden, sowie die neugefasste EuGVVO erforderten eine umfassende Aktualisierung auch dieses Skriptes zur Einführung in das IPR.

Hierbei ist es uns weiterhin wichtig, auf die relevanten Problemkreise und aktuellen Fragestellungen in der Tiefe einzugehen, die den Studenten einen schnellen Zugang zu der Materie ermöglicht.

Neben klassischen Entscheidungen und Grundmustern wird auch auf die neuesten Rechtsänderungen durch die zahlreichen EU-Verordnungen und die mittlerweile dazu ergangene Rechtsprechung eingegangen. Zusätzlich geben wir einen Einblick in das internationale Zivilprozessrecht.

Dabei wird das Wissen anhand von zahlreichen Fallbeispielen verdeutlicht und durch Wiederholungs- und Vertiefungsfragen gefestigt.

Wir danken Dr. Sabine Albrecht für ihre hilfreichen Anmerkungen und die aufmerksame Durchsicht des Manuskripts zur ersten Auflage.

Martin Malkus
Dr. Roger Pierenkemper
Prof. Dr. Martin Schulz, LL.M. (Yale)

Einführung

I. Einleitung

Will man verstehen, was Internationales Privatrecht (**IPR**) ist, muss man sich zunächst verdeutlichen, was IPR nicht ist. IPR befasst sich nicht oder nur am Rande mit internationalem Zivilrecht. Das IPR bestimmt vielmehr, welches Privatrecht welchen Staates auf einen Sachverhalt mit Auslandsberührung anzuwenden ist. Es ist *Rechtsanwendungsrecht.* Insofern ist die synonyme Bezeichnung Kollisionsrecht treffender.

Ebenso gibt es auch ein Internationales Strafrecht (geregelt in den §§ 3-7 und 9 StGB), das bestimmt, wann das deutsche Strafrecht anzuwenden ist, ferner das Internationale Zivilprozessrecht, wonach sich die Zuständigkeit der Gerichte in Fällen mit Auslandsberührung bestimmt und welche Verfahrensweisen dabei anzuwenden sind (siehe hierzu unten unter C.). Das IPR ist insoweit ursprünglich rein nationales Recht. Mittlerweile ist es durch die Rom-Verordnungen in weiten Teilen europaweit vereinheitlicht.

Ziel des IPR ist es nicht, das sachlich beste Ergebnis für einen Fall zu erzielen, wie es das materielle Recht erstrebt. Ziel des IPR ist es, die für einen Sachverhalt geeignetste Rechtsordnung zu ermitteln. Nicht materielle Gerechtigkeit steht im Vordergrund, sondern der Ort, an dem ein Sachverhalt rechtlich am besten zu lokalisieren ist (sog. räumliche Gerechtigkeit).

Daneben gilt es, den von *Carl Friedrich von Savigny* geforderten **Entscheidungseinklang** herzustellen. Dieser besagt, dass die Gerichte verschiedener Länder nicht zu unterschiedlichen Bewertungen desselben Sachverhalts kommen sollten. Das kann zumeist nur dann erreicht werden, wenn sie auch dasselbe Recht auf den Sachverhalt anwenden, unabhängig davon, aus welchem Staat das Recht entspringt. Das IPR kann dementsprechend zur Folge haben, dass in Deutschland von deutschen Richtern ausländisches Recht zur Lösung eines Sachverhalts heranzuziehen ist.

Die Prüfung, ob auf einen Sachverhalt das Recht eines anderen Staates anzuwenden ist, hat das zuständige Gericht von Amts wegen durchzuführen (vgl. BGH NJW 1993, 2305). Ausländisches Recht gilt dabei im Zivilprozess nach § 293 ZPO als Tatsache. Die Parteien des Rechtsstreits können hierbei zwar Ansichten zu der Anwendbarkeit und Auslegung des ausländischen Rechts vorbringen, doch hat das Gericht auch selbstständig Ermittlungen anzustellen (vgl. § 293 S. 2 ZPO als Ausnahme von § 359 Nr. 1 ZPO), wobei es regelmäßig Rechtsgutachten von inländischen Sachverständigen zum internationalen Privatrecht oder von Sachverständigen des betroffenen ausländischen Staates einholen wird.

Geregelt wurde das IPR in Deutschland vornehmlich im Einführungsgesetz zum BGB, dem **EGBGB** (Art. 3-48 EGBGB). Mittlerweile überwiegen jedoch die in Art. 3 EGBGB aufgeführten europäischen Verordnungen zum internationalen Privatrecht, die Vorrang gegenüber den nationalen Regelungen des EGBGB haben und die zu einer weitgehenden Harmonisierung und Vereinheitlichung des IPR in Europa geführt haben. Dies sind insbesondere (für die vollständige Bezeichnung der Verordnungen siehe Art. 3 Nr. 1 EGBGB):

- die **Rom I-VO**, die das auf vertragliche Schuldverhältnisse anzuwendende Recht regelt (dazu näher unter B.III.),
- die **Rom II-VO**, mit der sich das auf außervertragliche Schuldverhältnisse anzuwendende Recht ermitteln lässt (dazu näher unter B.IV.),
- die Verordnung zur Regelung des internationalen Scheidungsrecht (auch als **Rom III-VO** bezeichnet) und
- die EU-Unterhaltsverordnung (**EuUnthVO**) (dazu näher unter B.VI) sowie
- die EU-Erbrechtsverordnung (**EuErbVO**). (dazu näher unter B.VII.).
- Letztlich traten zum 29.1.2019 die **EuGüVO** und **EuPartVO** zur europaweit einheitlichen Regelung des ehelichen Güterstands bzw. der güterrechtlichen Wirkungen eingetragener Partnerschaften in Kraft.

Darüber hinaus ist im IPR aber auch internationales Recht, wie Staatsverträge der Bundesrepublik oder der Europäischen Union mit anderen Staaten, wie z.B. mit der Türkei, oder multilaterale

Abkommen, wie z.B. das Haager Kindesentführungsübereinkommen (HKÜ) (siehe hierzu unten unter B.VI.7.) zu beachten.

Abzugrenzen ist das IPR von sog. internationalem Einheitsrecht, wie z.B. den **Unidroit-Principles**. Hierbei handelt es sich um internationales Sachrecht. Allerdings ist zu beachten, dass manche internationale Sachrechte auch IPR-Normen vorsehen, so z.B. das UN-Kaufrecht, das **CISG** (United Nations Convention on Contracts for the International Sale of Goods, siehe hierzu unten unter B.III.1.).

II. Klausurtechnik

Typischerweise können dem Klausurbearbeiter drei Arten von Fragen begegnen:

1. Die direkte **Frage nach dem anwendbaren materiellen Recht** (z.B.: Das Recht welchen Staates findet Anwendung?). In diesem Fall kann der Bearbeiter direkt zu den Kernpunkten des auf Seite 14 f. aufgeführten Prüfungsschemas springen. Dies sind:

I. Fall mit Auslandsberührung, nach Art. 3 a.E. EGBGB

II. Anwendbarkeit materiellen Einheitsrechts (z.B. UN-KaufR)
wenn anwendbar, dann Vorrang nach Art. 3 EGBGB

III. Anwendbarkeit internationaler kollisionsrechtlicher Abkommen
- wenn anwendbar, dann Feststellung der maßgeblichen Rechtsordnung anhand des Abkommens (z.B. Rom I-VO, Rom II-VO)

IV. Bestimmung des anwendbaren einzelstaatlichen IPR

V. Bestimmung der maßgeblichen Kollisionsnorm

VI. Anwendung der maßgeblichen Kollisionsnorm

Die Prüfungspunkte II. – V. werden im nachfolgenden Abschnitt B. näher behandelt.

Den ersten Prüfungspunkt zur Lösung der Frage nach dem anwendbaren Recht, das Erfordernis **„eines Sachverhaltes mit Auslandsbezug“**, gilt es aber bereits jetzt zu erläutern, da er immer Voraussetzung dafür ist, dass sich ein Bearbeiter überhaupt mit Fragen des IPR befassen muss.

Die Voraussetzung des Auslandsbezugs folgt aus **Art. 3 a.E. EGBGB**, jedoch ohne eine Definition des Begriffs. So soll nach e.A. das EGBGB nur in problematischen Abgrenzungsfällen anwendbar sein, somit auch nur dann ein hinreichender Auslandsbezug vorliegen. Dieser Ansatz liefert jedoch keine Lösung der Frage, wann ein Fall als problematisch einzustufen ist.

Deshalb sieht die h.M. das EGBGB stets als anwendbar an. Auch in Fällen, die auf den ersten Blick reinen Inlandsbezug haben, kann so das auf den Sachverhalt anzuwendende Recht ermittelt werden. Hiernach ist der Auslandsbezug des Art. 3 EGBGB lediglich als Anhaltspunkt, nicht als strenges Kriterium zu verstehen. Dieser Ansatz bietet dem Klausurbearbeiter ein taugliches Lösungswerkzeug. Auch in einem rein nationalen Sachverhalt wird das EGBGB immer korrekt auf das anzuwendende deutsche Sachrecht verweisen.

In einer gewöhnlichen Zivilrechtsklausursituation ist die Prüfung jedoch allenfalls gedanklich durchzuführen, wenn Anhaltspunkte auf die Anwendbarkeit ausländischen Rechts hindeuten. Im Rahmen einer IPR Klausur wird das EGBGB dagegen zwar wohl fast immer anzuwenden sein, doch kann hier – in gebotener Kürze – auf den Streit eingegangen werden.

2. Ist die Fallfrage hingegen wie bei einer gewöhnlichen Zivilrechtsklausur gestellt (etwa: Hat A gegen B einen Anspruch auf Herausgabe?), ist der Bearbeiter bei IPR-Fällen gezwungen, sich zunächst die **doppelt-hypothetische Frage** zu stellen, ob ein Rechtsverhältnis bestehen würde, wenn das Recht des Staates XYZ auf den Sachverhalt anzuwenden wäre. Diese hypothetische Vorgehensweise ist notwendig, da eine abschließende materielle Klärung von Rechtsfragen (die Anwendung des Sachrechts) erst dann möglich ist, wenn der Bearbeiter die auf den Sachverhalt anzuwendende Rechtsordnung ermittelt hat (durch Anwendung des Kollisionsrechts).

Beispielsfall: B und M schließen während eines Urlaubs im Ausland einen privatschriftlichen Kaufvertrag über ein in Deutschland belegenes Grundstück des B. Kann M die Herausgabe des Grundstücks von B verlangen?

Lösung: Die Beantwortung dieser Frage ist erst möglich, wenn der Bearbeiter ermittelt hat, nach welchem Recht sich das Zustandekommen des Vertrages beurteilt. Dann kann der Vorgang nach diesem Recht auf seine Wirksamkeit überprüft werden und abschließend die Frage geklärt werden, ob M gegen B ein Herausgabeanspruch zusteht.

➔ Vgl. zur ausführlichen Lösung des Falls *Malkus/Pierenkemper/ Schulz,* Standardfälle IPR, Fall 8.

Bei der Lösung eines solchen IPR-Falles sollte man (zumindest gedanklich) die auf dem unten angeführten Prüfungsschema genannten Punkte durchgehen und dann zu den relevanten Fragen Stellung nehmen. In der Regel wird der Klausurschwerpunkt im Rahmen der Begründetheit der Klage bzw. des Antrags liegen.

3. Es ist aber auch nicht ausgeschlossen, dass etwa in der Schwerpunktbereichsklausur nach der **internationalen Zuständigkeit** gefragt wird (z.B.: Welches Gericht ist zuständig?) oder in der Examensklausur neben der Begründetheit auch die **Zulässigkeit einer Klage mit Auslandsbezug** zu prüfen ist (z.B. „Die Klage ist zulässig, wenn das angerufene Gericht international zuständig ist"). In diesen Fällen sind die im Prüfungsschema unter „A. Zulässigkeit der Klage" aufgeführten Punkte näher zu prüfen. Fragen der internationalen Zuständigkeit sind anhand der EuGVVO zu lösen. Sie wird im letzten Abschnitt (Abschnitt C.) dieses Skriptes näher behandelt.

Zum jetzigen Zeitpunkt des Kenntnisstands des Lesers wird empfohlen, sich den Prüfungsaufbau zunächst lediglich durchzulesen, um dann feststellen zu können, dass einige Punkte bereits in der Einleitung erläutert wurden. Am Ende der Lektüre des Buches, oder auch mit dem Abschluss jedes Kapitels, kann dann anhand des Prüfungsschemas das Verständnis erneut, nun hoffentlich mit größerem Erfolg, überprüft werden, um schließlich an die Lösung umfangreicherer IPR-Fälle herangehen zu können.

⚒ IPR Prüfungsschema

A. Zulässigkeit der Klage / des Antrags

I. Internationale Zuständigkeit

1. Staatsvertragliche Regelungen

a) Mehrseitige Staatsverträge

b) Bilaterale Staatsverträge

2. Autonomes Recht

a) Vorschriften über die internationale Zuständigkeit

b) Rückschluss von örtlicher Zuständigkeit auf int. Zuständigkeit

II. Sachliche Zuständigkeit (z.B. §§ 23 Nr. 1, 71 Abs. 1 GVG)

III. Örtliche Zuständigkeit

IV. Sonstige Verfahrensvoraussetzungen

- nach *lex fori*-Prinzip Recht des Gerichtsortes (z.B. Parteifähigkeit § 50 Abs. 1 ZPO, Prozessfähigkeit § 52 ZPO, Anwaltszwang § 78 Abs. 1 ZPO)

B. Begründetheit der Klage / des Antrags

I. Fall mit Auslandsberührung, nach Art. 3 a.E. EGBGB

II. Anwendbarkeit materiellen Einheitsrechts (z.B. UN-KaufR, CMR)

- wenn anwendbar, dann Vorrang nach Art. 3 Nr. 2 EGBGB

III. Anwendbarkeit internationaler kollisionsrechtlicher Abkommen, Art. 3 Nr. 1 EGBGB

- wenn anwendbar, dann Feststellung der maßgeblichen Rechtsordnung anhand des Abkommens (z.B. Rom I-VO, Rom II-VO, Rom III-VO, EuErbVO)

IV. Bestimmung des anwendbaren einzelstaatlichen IPR

1. Klage bereits anhängig: nach *lex fori* des Forumstaates

2. Klage nicht anhängig: Bestimmung der int. Gerichtszuständigkeit und Anwendung des IPR des potenziellen Formstaates

V. Bestimmung der maßgeblichen Kollisionsnorm

- um was für eine Sachfrage (z.B. Vertrags-, Gesellschafts-, Delikts- oder Sachenrecht) handelt es sich? (u.U. Qualifikation nötig)

VI. Anwendung der maßgeblichen Kollisionsnorm

- Subsumtion des Sachverhalts: Verweisung auf das Recht eines bestimmten Staates

1. Verweisung auf deutsches Recht → Anwendung dt. mat. Rechts

2. Verweisung auf ausländisches Recht

- Grundsatz: Gesamtverweisung, Art. 4 Abs. 1 S. 1 EGBGB
- Ausnahme: Sachnormverweisung i.S.v. Art. 3a EGBGB

a) Sonderfall: Kollisionsnorm verweist auf einen Mehrrechtsstaat, vgl. Art. 4 Abs. 3 EGBGB

b) Rück- oder Weiterverweisung, Art. 4 Abs. 1 S. 2 EGBGB

VII. Anwendung des materiellen Rechts

1. Ermittlung und Anwendung der maßgeblichen Normen

2. Bei Nichtermittelbarkeit: Anwendung des Ersatzrechts

3. Korrektur des Ergebnisses?

a) Verstoß gegen zwingende Vorschriften

b) Verstoß gegen dt. *ordre public*, Art. 6 EGBGB

A. Allgemeiner Teil

I. Warum ein AT?

Das IPR ist für Studenten häufig ein abstraktes Rechtsgebiet, mit dem sie in ihrem bisherigen Studium nicht in Kontakt gekommen sind. Um das deutsche IPR klausurgerecht anwenden zu können, bedarf es des Verständnisses einiger Besonderheiten hinsichtlich Vorgehensweise und Terminologie, quasi eines Allgemeinen Teils. Ohne Kenntnisse des Besonderen Teils lassen sich die Besonderheiten und Eigentümlichkeiten des IPR allerdings nur schwer erläutern – wenn man so will: ein Teufelskreis der Missverständnisse.

Aus diesem Grund ziehen manche Lehrbücher den Besonderen Teil vor den Allgemeinen Teil und versuchen das sonst übliche Vorgehen, erst AT dann BT, zu durchbrechen. In Anbetracht der Kürze dieses Buchs ist eine solche Lösung hier nicht möglich. Der Leser muss sich daher zunächst auf einen kurzen abstrakten Teil einlassen, bevor er dann mit dem Besonderen Teil auf das praktisch sofort umsetzbare Wissen stößt. Trotzdem versuchen wir, den Allgemeinen Teil so lebhaft und fallorientiert wie möglich zu gestalten.

II. Was ist eine Kollision?

Eine Kollision im Sinne des IPR ist der Zusammenprall zweier Rechtsordnungen oder Rechtsnormen. Die Lösung oder Auflösung der Kollision erfolgt durch sog. **Kollisionsnormen**.

Die jeweilige Kollisionsnorm bestimmt, welche Rechtsordnung auf einen Sachverhalt anzuwenden ist, mithin nach welchem Sachrecht der Sachverhalt zu beurteilen ist. Dabei sind sowohl deutsches aber auch ausländisches Sachrecht mögliche Varianten. Eine direkte Lösung des materiell-rechtlichen Sachverhalts ergibt sich hieraus nicht. Auch ob die Lösung mit deutschem Rechtsverständnis vereinbar ist, spielt dabei zunächst keine Rolle. Nur in besonderen Ausnahmesituation ist eine Korrektur möglich, und auch dann nur im Einklang mit dem Sinn des IPR als **Rechtsanwendungsrecht**, als Verweis, welches Recht statt des von der Kollisionsnorm berufenen Rechts anzuwenden ist (siehe dazu unten ausführlich unter A.IX., *ordre public*).

Terminologisch ist zwischen selbstständigen und unselbstständigen, sowie zwischen einseitigen und allseitigen Kollisionsnormen zu unterscheiden.

- **Selbstständige Kollisionsnormen** sind solche Normen, die als Rechtsfolge direkt das auf den Sachverhalt anwendbare Recht bestimmen, wie z.B. Art. 7 EGBGB, der hinsichtlich des auf die Rechts- und Geschäftsfähigkeit anwendbaren Rechts auf das Recht des Staates verweist, dem der Handelnde angehört.

- **Unselbstständige Kollisionsnormen** verweisen dagegen nicht direkt auf ein anwendbares Recht, sondern sind Hilfsnormen, die nur in Kombination mit weiteren Kollisionsnormen auf ein anwendbares Recht verweisen, so z.B. Art. 4 Abs. 1 S. 1 und Art. 5 EGBGB (lesen!). Sie fungieren dabei als Problemlöser, wenn die Antwort einer Kollisionsnorm aufgrund der Eigenarten des Sachverhalts nicht eindeutig ausfällt. Verweist etwa Art. 7 Abs. 1 S. 1 EGBGB auf das Recht des Staates, dem die Person angehört, bietet Art. 5 Abs. 1 S. 1 EGBGB eine Lösung für den Fall, wenn eine Person über mehrere Staatsangehörigkeiten verfügt (vgl. hierzu ausführlich unten unter A.III.2.a).

Tipp

In der Klausursituation sollte man sich von dieser Unterscheidung jedoch nicht irritieren lassen. Folgt man stets den Verweisen der einzelnen Kollisionsnormen, wird man auf das richtige Ergebnis stoßen. Ist das Ergebnis nicht eindeutig, sollte man daran denken, dass Art. 4 und 5 EGBGB hier Hilfe bieten. Wer diese Schritte richtig durchführt, dem vergibt auch der Korrektor, wenn auf die terminologische Unterscheidung verzichtet wird.

Das deutsche Kollisionsrecht sieht fast ausschließlich **allseitige Kollisionsnormen** vor, d.h. sie passen auch für Sachverhalte, die eigentlich nicht von deutschen Gerichten entschieden werden müssten.

Beispielsfall: Der US-Amerikaner A und die Kanadierin K haben in Las Vegas geheiratet, in Israel ihren festen Wohnsitz und wollen sich in London scheiden lassen.

Müssen sie für eine wirksame Scheidung ein Trennungsjahr einhalten?

In dem oben geschilderten Fall besteht kein Anlass dafür, dass sich das anwendbare Recht aus den Kollisionsnormen des EGBGB ergeben müsste. Trotzdem könnte nach dem EGBGB das anwendbare Recht bestimmt werden, da die überwiegend allseitig ausgestalteten Kollisionsnormen des EGBGB Rechtsverhältnissen Rechtsordnungen aufgrund von abstrakten Kriterien zuordnen.

Eine Ausnahme von diesem Grundsatz, nämlich eine **einseitige Kollisionsnorm**, stellt Art. 17a EGBGB dar. Diese unterstellt die Nutzungsbefugnis für eine im Inland belegene Ehewohnung und Haushaltsgegenstände ausschließlich deutschem Recht. Die Kollisionsnorm des Art. 17a EGBGB stellt somit nicht auf ein abstraktes, sondern auf ein konkretes Kriterium ab, nämlich die Lage der Wohnung/Haushaltsgegenstände im Inland.

§ Versteckte Kollisionsnormen

Als versteckte Kollisionsnormen werden Normen bezeichnet, die zwar nicht explizit als solche ausgewiesen sind, die aber trotzdem wie Kollisionsnormen funktionieren. Dies können z.B. Normen zur Zuständigkeit von Gerichten sein, wenn das nationale IPR des Staates des Gerichts immer auf das Recht des Ortes des Gerichts (die *lex fori*) verweist. Es handelt sich bei der Zuständigkeitsregel somit tatsächlich um eine indirekte, mithin versteckte, Kollisionsnorm, da sie indirekt das anwendbare Recht bestimmt.

? *Wiederholungs- und Vertiefungsfragen*

1. Erläutern Sie den Begriff *Kollisionsnorm* in einem Satz!

2. Welche Arten von Kollisionsnormen kennen Sie und wie sind sie voneinander abzugrenzen?

3. Handelt es sich bei § 1944 Abs. 3 BGB um eine versteckte Kollisionsnorm?

✔ *Lösungen der Wiederholungs- und Vertiefungsfragen*

1. – 2. Die Lösung findet sich im obigen Text.

3. Nein. § 1944 Abs. 3 BGB, setzt voraus, dass das deutsche Recht durch das IPR zur Anwendung berufen wurde.

III. Anknüpfung

Um bestimmen zu können, nach welcher Norm des IPR ein Sachrecht anzuwenden ist, müssen die entscheidenden Gesichtspunkte eines Lebenssachverhaltes herausgearbeitet werden, welche für die Rechtsfrage entscheidend sind. Das IPR ordnet anhand bestimmter Hauptgesichtspunkte, den sog. **Anknüpfungspunkten**, dann den Lebenssachverhalten Kollisionsnormen zu, die das anwendbare Sachrecht bestimmen.

Dies kann z.B. der Ort eines Vertragsschlusses, der Name einer Person, der Ort eines Delikts oder auch die Belegenheit einer Sache sein. Diese Begriffe, wie z.B. der des Wohnsitzes, sind allerdings selbst oftmals auslegungsbedürftig, da es sich vielmals um Rechtsbegriffe handelt. Die Auslegung erfolgt nach h.M. gemäß dem Recht, aus dem die Kollisionsnorm herrührt.

Stammt die Kollisionsnorm aus einem internationalen Abkommen, wie z.B. der Rom-I-VO, ist auf eine einheitliche Auslegung des Abkommens abzustellen, die mit dem Sinn und Zweck des Abkommens im Einklang steht (zur Auslegung der Rom I-VO, siehe unten unter B.II.).

1. Normaufbau

Der Tatbestand einer selbständigen Kollisionsnorm besteht aus Anknüpfungsgegenstand und Anknüpfungspunkt. Als **Anknüpfungsgegenstand** wird die Materie bezeichnet, für welche die einschlägigen Sachnormen des anzuwendenden Rechts festgestellt werden sollen, z.B. Vertrag, Ehe oder Rechtsnachfolge von Todes wegen.

Der **Anknüpfungspunkt** (auch Anknüpfungsmoment genannt) stellt dann die Verbindung zwischen dem Anknüpfungsgegenstand und dem anwendbaren Recht her, z.B.:

- Staatsangehörigkeit
- Wohnsitz
- gewöhnlicher Aufenthalt (*residence*)
- Handlungsort
- Belegenheitsort
- Gerichtsort
- Parteiwille
- Anknüpfung an andere Kollisionsnormen (Art. 5 EGBGB)

2. Anknüpfungsarten

Je nachdem, an welches Merkmal eine Kollisionsnorm anknüpft, wird die Art der Anknüpfung unterschiedlich bezeichnet.

a) rein personale Anknüpfung

Als rein personale Anknüpfung wird sie bezeichnet, wenn sie die Zuweisung des Sachrechts von der Staatsangehörigkeit der betroffenen Person abhängig macht.
So z.B. Art. 13 Abs. 1 EGBGB: hiernach unterliegen die Voraussetzungen der Eheschließung für jeden Verlobten dem Recht des Staates, dem er angehört.

Für eine solche Anknüpfung ist es aber immer erforderlich, die Staatsangehörigkeit der betroffenen Person festzustellen. Diese Feststellung kann unter Umständen in einer IPR-Klausur somit zu einer tückischen Zwischenaufgabe auf dem Weg zur korrekten Anknüpfung des Sachverhalts werden.

Exkurs: Staatsangehörigkeit

Die Staatsangehörigkeit ist einer der wichtigsten Anknüpfungspunkte, denn hiernach bestimmen sich gem. Art. 7 Abs. 1 EGBGB die Rechts- und Geschäftsfähigkeit, der Name nach Art. 10 EGBGB und gem. Art. 13 und 14 die Ehevoraussetzungen und Ehewirkungen (bis zum Inkrafttreten der EuErbVO wurde auch das Erbrecht gem. Art. 25 Abs. 1 EGBGB a.F. an die Staatsangehörigkeit des Erblassers angeknüpft).

Ob ein Mensch deutscher Staatsangehöriger ist, bestimmt sich allein nach deutschem Recht. Dieses Prinzip gilt als Ausdruck der staatlichen Souveränität auch in allen anderen Staaten. Dementsprechend kann die Frage, ob ein Mensch die Staatsangehörigkeit eines Landes besitzt auch immer nur nach dem Recht des jeweiligen Landes beantwortet werden. In der Regel richtet sich die Staatsangehörigkeit nach der Frage, ob eine Person von einem Staatsangehörigen abstammt (*ius sanguinis*-Prinzip) oder im Gegenentwurf, ob eine Person auf dem Staatsgebiet geboren wurde (*ius soli*-Prinzip oder Territorialitätsprinzip).

Ein Beispiel für das *ius sanguinis*-Prinzip findet sich im deutschen Recht: Deutscher ist eine Person gem. §§ 3, 4 StAG, die mindestens von einem Elternteil abstammt, der über die deutsche Staatsangehörigkeit verfügt. Nach Art. 4 Abs. 3 StAG erwirbt auch ein in Deutschland geborenes Kind die deutsche Staatsangehörigkeit, wenn ein Elternteil seit acht Jahren seinen gewöhnlichen Aufenthalt in Deutschland und ein unbefristetes Aufenthaltsrecht hat. Die USA kennen demgegenüber das Territorialitätsprinzip (*ius soli*-Prinzip). Danach erhält ein in den USA geborenes Kind die US-Staatsangehörigkeit unabhängig davon, ob die Eltern Staatsangehörige der USA sind.

Unter Umständen können jedoch Personen unter die Definition des Staatsangehörigkeitsbegriffs mehrerer Staaten fallen, sog. **Mehrstaater**.

Beispiel: Während eines Auslandsurlaubes in Disney-Land, Florida, USA bringt die deutsche Staatsangehörige C in der 25. Schwangerschaftswoche unerwartet ein Kind K zur Welt. Während des einige Wochen dauernden Krankenhausaufenthaltes lernt C einen amerikanischen Krankenpfleger kennen und beschließt, zukünftig in Florida leben zu wollen. Wie ist K im Rahmen des EGBGB zu behandeln?

Lösung: Nach §§ 3, 4 StAG ist K deutscher Staatsangehöriger, da es von einem Elternteil abstammt, der über die deutsche Staatsangehörigkeit verfügt. Nach dem örtlich geltenden Recht in Florida ist aber K gleichzeitig amerikanischer Staatsbürger, da es auf dem Staatsgebiet der USA geboren wurde.

Die Lösung bietet Art. 5 Abs. 1 EGBGB. Gemäß S. 1 ist das Recht des Staates anzuwenden, mit dem die Person am engsten verbunden ist, insbesondere durch ihren gewöhnlichen Aufenthalt. Dies wäre im vorliegenden Fall das Recht der USA, da K seinen gewöhnlichen Aufenthalt in den USA hat. Allerdings sieht Art. 5 Abs. 1 S. 2 EGBGB eine Ausnahme für die Fälle vor, in denen eine Person auch deutscher Staatsangehöriger ist, denn dann geht die deutsche Staatsangehörigkeit der engsten Verbindung vor. Dementsprechend würde K für das EGBGB als deutscher Staatsangehöriger gelten.

Exkurs: Flüchtlinge und Staatenlose

Ist nicht mehr feststellbar, aus welchem Land eine Person tatsächlich stammt (ein bei Flüchtlingen und Asylsuchenden häufiges Problem, da es die Betroffenen entweder tatsächlich nicht wissen oder nicht sagen wollen), bietet Art. 5 Abs. 2 EGBGB eine Lösung. Hiernach ist das Recht desjenigen Staates anzuwenden, in dem sie ihren gewöhnlichen Aufenthalt oder aktuellen Aufenthalt haben.

Lösungen bieten aber in solchen Fällen oftmals auch internationale Abkommen, wie z.B. das Genfer Flüchtlingsabkommen von 1951 oder das New Yorker Staatenlosen-Übereinkommen von 1954, nach denen sich das Personalstatut eines Flüchtlings nach dem Recht des Landes seines Wohnsitzes oder, in Ermangelung eines Wohnsitzes, nach dem Recht seines Aufenthaltslandes bestimmt.

Art. 5 EGBGB bietet aber auch einen Lösungsansatz für den sog. „Terminal-Fall“.

Terminal-Fall: N fliegt aus seinem Heimatland mit dem Flugzeug nach Deutschland. Bevor N die Grenzkontrollen passieren kann, stellt er fest, dass sein Heimatland aufgrund innenpolitischer Zusammenstöße aufgehört hat, zu existieren.

Lösung: Auch für den Fall der Beteiligung Staatenloser sieht Art. 5 Abs. 2 EGBGB die Lösung über den gewöhnlichen und aktuellen Aufenthalt vor, so dass im oben geschilderten Fall deutsches Recht zur Anwendung kommt. Gleiches gilt auch nach dem New-York Übereinkommen über die Rechtsstellung von Staatenlosen vom 28.9.1954, was ebenfalls den gewöhnlichen Aufenthalt für maßgeblich erklärt. Dieses Abkommen genießt aufgrund der völkervertraglichen Ausgestaltung sogar Vorrang vor der Anwendung des Art. 5 Abs. 2 EGBGB.

b) personal-lokale Anknüpfung

Neben der rein personalen Anknüpfung kennt das EGBGB aber auch eine Mischform, die personal-lokale Anknüpfung. Hiernach wird entweder an den **Wohnsitz** oder an den **gewöhnlichen Aufenthaltsort** angeknüpft.

Die IPR-Definition des **Wohnsitzes** umfasst die tatsächliche Präsenz an einem Ort sowie den Willen, dort länger zu verbleiben. Damit unterscheidet sie sich von dem *domicile*-Begriff des common law, denn hiernach kann eine Person lediglich ein *domicile* haben, nach der IPR-Definition sind aber durchaus mehrere Wohnsitze denkbar.

Der Begriff des Wohnsitzes hat im Verlauf der Jahre im deutschen IPR immer mehr an Bedeutung verloren. Da er jedoch noch in einigen völkerrechtlichen Verträgen weiterbesteht, ist die Unterscheidung zwischen Wohnsitz und gewöhnlichem Aufenthalt immer noch von praktischer Bedeutung.

Größere Bedeutung als der Wohnsitzbegriff hat der in den Art. 5, 10, 13 und 14 EGBGB (sowie in zahlreichen Vorschriften der Rom I, Rom-II und Rom III-VOen sowie der EuErbVO) enthaltene Anknüpfungspunkt des **gewöhnlichen Aufenthalts**, der mehr und mehr Ersatz für die Anknüpfung an die Staatsangehörigkeit bietet. Ihren gewöhnlichen Aufenthalt hat eine Person an dem Ort, an dem sie ihren Lebensmittelpunkt hat, somit der Ort, an dem sie nicht nur sozial integriert ist, sondern auch der Ort an dem sie auf Dauer angelegt verbleibt und an dem sie sich aus freiem Willen aufhält (vgl. BGH NJW 1975, 1068). In strittigen Fällen sind diese Kriterien heranzuziehen, um dann durch Abwägung und Auslegung zu einer endgültigen Bestimmung kommen zu können.

c) rein lokale Anknüpfung

Schließlich sieht das EGBGB in einigen Fällen auch eine rein lokale Anknüpfung vor, so etwa im Sachenrecht oder auch bei Teilfragen, wie etwa im Rahmen der Wirksamkeit von Stellvertretung (vgl. zu diesen Fragen Abschnitt B.II.).

3. Terminologie

Terminologisch wird unterschieden zwischen fester, alternativer, kumulativer und subsidiärer Anknüpfung:

Die **feste Anknüpfung** liegt immer dann vor, wenn die Norm nur einen möglichen Anknüpfungspunkt vorsieht, so etwa Art. 7 Abs. 1 EGBGB: „die Rechtsfähigkeit und die Geschäftsfähigkeit einer Person unterliegen dem Recht des Staates, dem die Person angehört".

Einen Fall der **alternativen Anknüpfung** regelt Art. 11 EGBGB. Hiernach kann hinsichtlich der Formgültigkeit eines Rechtsgeschäfts sowohl auf den Ort der Durchführung, als auch auf das Recht abgestellt werden, welches auf den Gegenstand des Rechtsgeschäfts Anwendung findet. Durch diese Möglichkeit alternativer Anknüpfung wird die Chance erhöht, dass die bestehenden Formerfordernisse tatsächlich wirksam erfüllt sind und so das Rechtsgeschäft Bestand haben kann.

Als **kumulative Anknüpfung** bezeichnet man den Fall in Art. 13 Abs. 1 EGBGB. Hier werden unter Umständen zwei verschiedene Rechtsordnungen zur Beurteilung der Erfüllung der Voraussetzungen einer Eheschließung herangezogen. Hierdurch soll das Rechtsverhältnis auf eine möglichst breite Basis gestellt werden, um größtmögliche Anerkennung, d.h. aus mehreren Staaten, zu erfahren. Dies ist wichtig zur Vermeidung sog. hinkender Ehen.

➔ Vgl. hierzu ausführlich *Malkus/Pierenkemper/Schulz,* Standardfälle IPR, Fälle 1 und 3.

Subsidiäre Anknüpfungen sind schließlich in den Anknüpfungsleitern des Art. 14 EGBGB vorgesehen. Wird ein maßgebliches Kriterium nicht erfüllt, kommt die sog. Anknüpfungsleiter zum Tragen, die abgestuft auf andere Aspekte und somit möglicherweise auch auf andere Rechtsordnungen abstellt. Damit wird beabsichtigt, dem Sachverhalt in jedem Fall eine geeignete Rechtsordnung zuzuordnen, unabhängig von dem Umstand, dass die Anknüpfung an die beste, mithin sachgerechteste Rechtsordnung, misslingt. Auch in der Rom I, Rom-II, Rom III-VO und der EuErbVO finden sich Anknüpfungsleitern.

Tipp

In der Klausur ist es zwar bemerkenswert, wenn die Art der Anknüpfung korrekt klassifiziert wird, jedoch lassen sich dadurch nur Zusatzpunkte gewinnen. Entscheidend für die Endnote ist das richtige Ergebnis, die Verfolgung der vorgegebenen Verweisungskette.

4. Anknüpfungserschleichung

Ein weiteres im Rahmen der Anknüpfung zu beachtendes Problem ist die sog. Anknüpfungserschleichung. Eine solche Gesetzesumgehung liegt dann vor, wenn der Versuch unternommen wird, die Rechtsfolge einer IPR-Norm, die Verweisung auf ein bestimmtes Sachrecht dadurch herbeizuführen, dass der Lebenssachverhalt manipuliert wird, um eine Subsumtion unter eine andere Kollisionsnorm zu erreichen, als die, die ohne Einwirkung anzuwenden gewesen wäre. In der IPR-Terminologie nennt man dies auch *fraus legis* oder *fraude à la loi*. Hierbei sind zwei Fälle zu unterscheiden, die sog. **echte** und **unechte Gesetzesumgehung**.

a) Echte Gesetzesumgehung

Echte Gesetzesumgehung liegt dann vor, wenn eine Kombination aus objektiven und subjektiven Kriterien gegeben ist. Objektiv muss eine **Manipulation des Anknüpfungspunktes** gegeben sein, z.B. die Änderung des Handlungs- und Aufenthaltsorts, der Wechsel des Wohnsitzes oder der Staatsangehörigkeit. Subjektiv muss dann dazu treten, dass die Änderung des Anknüpfungspunktes **bewusst durch missbräuchliches Verhalten** der Parteien herbeigeführt wurde.

Rechtsmissbräuchlich ist ein solches Verhalten, wenn der erzielte Erfolg in krassem Widerspruch zum Gesetzeszweck steht, so z.B. bei der missbräuchlichen Schaffung einer vom Gesetz nicht vorgesehenen Rechtswahlmöglichkeit. Nicht hingegen dann, wenn eine Person ihre Staatsangehörigkeit wechselt, um so eine Scheidung zu ermöglichen, oder lediglich den Ort eines Vertragsschlusses in ein anderes Land verlegt.

Rechtsfolge der echten Gesetzesumgehung ist, dass die Umgehung rückgängig zu machen ist. Nicht das erschlichene, sondern das umgangene, im Regelfall ungünstige, ursprünglich anwendbare Recht wird angewendet.

b) unechte Gesetzesumgehung

Ein Fall der unechten Gesetzesumgehung liegt dann vor, wenn die zur Anknüpfung oder Qualifikation erforderlichen Tatsachen lediglich vorgetäuscht werden. Denn hier liegt eine erfolgreiche Gesetzesumgehung gar nicht vor.

Beispiel: B und M schließen den Vertrag in Deutschland ab, geben aber Rom als Abschlussort im Kaufvertrag an.

In diesem Fall ist der eigentliche Sachverhalt (im oben genannten Beispiel der Vertragsschluss im Inland) aufzudecken und dann anhand dieses Sachverhaltes die korrekte Anknüpfung zu ermitteln und durchzuführen.

? *Wiederholungs- und Vertiefungsfragen*

1. Definieren Sie den Begriff der Anknüpfung.

2. Welche Arten von Anknüpfungen kennen Sie? Nennen Sie jeweils ein Beispiel aus dem EGBGB oder den europäischen Verordnungen zum IPR.

3. Wie unterscheiden sich echte und unechte Anknüpfungserschleichung voneinander?

✔ *Lösungen der Wiederholungs- und Vertiefungsfragen*

1. – 3. Die Lösung findet sich im obigen Text.

IV. Qualifikation

Sind die Anknüpfungspunkte bestimmt, ist zu fragen, unter welche Kollisionsnorm ein Sachverhalt zu subsumieren ist. Diesen Prozess der Zuordnung bezeichnet man im IPR als Qualifikation. Dies erfordert sowohl die Auslegung des Sachverhalts, als auch die der Rechtsbegriffe des IPR. Es ist somit die Wertung, welcher Norm ein Lebenssachverhalt am sinnvollsten zuzuordnen ist. In einem ersten Schritt sind dabei die Systembegriffe der **Anknüpfungsgegenstände** wie "Geschäftsfähigkeit" (Art. 7 Abs. 1 S. 1 EGBGB) oder "allgemeine Wirkungen der Ehe" (Art. 14 Abs. 1 EGBGB) **heranzuziehen**. Diese Begriffe müssen dann unter Umständen **ausgelegt** werden, um festzustellen, wie weit der Anwendungsbereich der IPR-Norm tatsächlich reicht. In einem zweiten Schritt ist dann der Lebenssachverhalt unter den Anknüpfungsgegenstand der Kollisionsnorm zu subsumieren. Diese **Subsumtion** ist die eigentliche Qualifikation.

Hinweis

Manche bezeichnen die Subsumtion unter die vom IPR berufene Rechtsordnung auch als Qualifikation zweiten Grades.

Probleme im Rahmen der Qualifikation

Im Rahmen der Qualifikation im IPR bestehen folgende klausurrelevante Probleme:

Problem 1: Unbekannte Rechtsinstitute

Will man Lebenssachverhalte und Rechtsfragen kollisionsrechtlich einordnen, wird dies immer dann besonders problematisch, wenn dabei über Institute und Einrichtungen zu entscheiden ist, die dem deutschen Recht unbekannt sind.

Beispiel 1: Das italienische Recht sieht die Möglichkeit einer Trennung von „Tisch und Bett“, die *separazione giudicale,* vor. Hierdurch wird die Ver-pflichtung zur Aufrechterhaltung der ehelichen Lebensgemeinschaft auf-gehoben, ohne die Ehe durch Scheidung zu trennen (vgl. BGHZ 47, 323).

Beispiel 2: Die islamrechtliche Morgengabe, wie sie z.B. im Iran noch fort-besteht. Hier erhält die Braut im Rahmen der Hochzeit einen Vermögenswert, um sie für den Fall der Scheidung finanziell abzusichern. Im Rahmen der Qualifikation stellt sich dann die Frage, ob es sich hierbei um einen unterhaltsrechtlichen Gegenstand, einen güterrechtlichen Gegenstand oder doch um eine scheidungs-rechtliche Frage im Rahmen des Art. 17 EGBGB handelt.

➔ Vgl. zur Morgengabe ausführlich die klausurmäßige Aufbereitung in *Malkus/Pierenkemper/Schulz,* Standardfälle IPR, Fall 2.

In einem solchen Fall ist zu fragen, welche Funktion das Rechtsinstitut ausübt und welcher Zweck mit ihm verfolgt wird. Anhand dieser Überlegungen ist dann zu ermitteln, welche Kollisionsnorm dem Sachverhalt am ehesten gerecht wird. Es erfolgt somit eine **funktionale Qualifikation**.

Problem 2: Abweichende systematische Einordnung

Ebenfalls nicht ohne Weiteres kann eine Qualifikation vorgenommen werden, wenn das ausländische Recht ein Rechtsinstitut an einer systematisch anderen Stelle einordnet als das deutsche Recht. So bewirken etwa die amerikanischen "*Statutes of Frauds*" einen Ausschluss des Zeugenbeweises für bestimmte Arten von Rechtsgeschäften, bei denen die Gefahr von Falschaussagen besonders groß ist. Diese Rechtsgeschäfte können daher nicht mündlich, sondern nur in schriftlicher Form abgeschlossen werden. Das deutsche Recht ordnet dies als materielle Formvorschrift ein, das US-Recht dagegen rein prozessrechtlich.

Möglich wäre hierbei, die Qualifikation der Einzelfrage nach demjenigen Recht vorzunehmen, dass auch auf den übrigen Sachverhalt Anwendung findet. Nach dieser sog. *lex causae* wäre damit auch zu entscheiden, unter welche Kollisionsnorm das Problem zu subsumieren ist.

Nach h.M. ist die Qualifikation allerdings nach der *lex fori* durchzuführen, mithin dem Recht des Landes, in dem der Anspruch eingeklagt wird. Die Begriffe werden bei einer Klage in Deutschland demnach ebenso ausgelegt wie im deutschen materiellen Recht, im Fall der „*Statutes of Frauds*" als materielle Formvorschrift.

Problem 3: Abweichungen zwischen IPR und materiellem Recht

Bestehen Abweichungen zwischen dem materiellen Recht und dem IPR, ist ebenfalls unklar, wie das Rechtsinstitut zu qualifizieren ist. Prominentestes Beispiel ist hierbei der Konflikt zwischen Zugewinnausgleich und Ehegattenerbrecht nach den §§ 1371 Abs. 1 und 1931 BGB. Da der Ehegatte nach § 1371 Abs. 1 BGB einen zusätzlichen Erbteil erhält könnte die Norm erbrechtlich zu qualifizieren sein.

Nach h.M. handelt es sich aber bei § 1371 Abs. 1 BGB um ein primär güterrechtliches Institut, das als solches zu qualifizieren ist. Auch der BGH hat sich mit Beschluss vom 13. Mai 2015 (IV ZB 30/14) für eine derartige güterrechtliche Qualifikation i.S.d. Art. 15 EGBGB a.F. entschieden.

Nachdem nunmehr die EuErbVO in Kraft getreten ist, stellt sich die Frage mit Blick auf die neuen Regelungen erneut, da diese güterrechtliche Fragen nicht regelt (Art. 1 Abs. 2 d) EuErbVO). Entgegen der h.M. in der Literatur und der Qualifikation des BGH zum alten Kollisionsrecht, hat der **EuGH** die Vorlagefragen des Kammergerichts Berlin am 1.3.2018 (Rs. C-558/16, *Mahnkopf*) dahingehend beantwortet, dass der **pauschalierte Zugewinnausgleich nach § 1371 Abs. 1 BGB erbrechtlich und nicht güterrechtlich zu qualifizieren ist** und damit der EuErbVO unterliegt. Denn der Hauptzweck der Bestimmung liege „nicht in der Aufteilung des Vermögens oder in der Beendigung des ehelichen Güterstands, sondern vielmehr in der Bestimmung des dem überlebenden Ehegatten im Verhältnis zu den übrigen Erben zufallenden Erbteils“ (Rz. 40 der Entscheidung).

? *Wiederholungs- und Vertiefungsfragen*

1. Was ist eine *Qualifikation?*

2. Was ist der Unterschied zwischen einer Qualifikation nach *lex fori* und nach *lex causae?*

3. Was versteht das IPR unter dem Begriff der *Substitution?*

✔ *Lösungen der Wiederholungs- und Vertiefungsfragen*

1. -2. Siehe Text.

3. Substitution ist die Frage, ob ein ausländisches Rechtsinstitut dem entsprechenden deutschen Rechtsinstitut gleichwertig ist und so die Erfordernisse deutschen Sachrechts erfüllt.

Beispiel: Eine deutsche GmbH lässt einen Kapitalerhöhungsbeschluss durch einen niederländischen Notar beurkunden. Erfüllt diese Beurkundung die vom deutschen Recht für Kapitalerhöhungen vorgeschriebenen Formvorschriften?

Lösung: Besteht der Verdacht, dass das ausländische Instrument lediglich zur Umgehung strengerer deutscher Vorschriften genutzt werden soll, kann dies dadurch gelöst werden, dass der Auslandsbezug des Sachverhalts verneint und somit mit dem Ausschluss der Anwendung des EGBGB auch die Anwendung des ausländischen Rechtsinstituts auf den Sachverhalt abgeschnitten wird. Im oben genannten Beispielsfall glichen die niederländischen Formvorschriften den deutschen Regularien, so dass die Beurkundung im Ergebnis nicht zu beanstanden war (vgl. OLG Düsseldorf, NJW 1989, 2220).

V. Vorfrage, Erstfrage und Teilfrage

Manche Kollisionsnormen erfordern es, dass, bevor die eigentliche Kollisionsfrage beantwortet werden kann, nach welchem Recht ein Sachverhalt zu beurteilen ist, geklärt werden muss, ob ein bestimmtes Rechtsmerkmal innerhalb der Kollisionsnorm tatsächlich vorliegt. Sie nehmen somit auf ein Recht Bezug, das erneut eine kollisionsrechtliche Frage aufwirft.

Die letzte Frage innerhalb dieser Kette von Fragen an den Bearbeiter wird in der IPR-Terminologie nach h.M. als **Vorfrage** bezeichnet.

Ähnlich wie Vorfrage klingen die Begriffe Erstfrage und Teilfrage, die auch teilweise synonym zur Vorfrage verwendet werden, jedoch je nach Autor in der IPR-Literatur unterschiedlich verwendet werden.

Um in der Klausur kein Risiko einzugehen und auch nicht Gefahr zu laufen, verwirrt zu werden, ist es – wie so oft – erforderlich, die Begriffe sorgfältig voneinander abzugrenzen.

Ausgangspunkt der Verwirrung ist der Umstand, dass ein großer Teil der Literatur den Begriff der **Erstfrage** komplett synonym mit der Vorfrage verwendet. Andere messen dagegen Vorfrage und Erstfrage unterschiedliche Bedeutungen zu. Sie stellen nämlich auf die feinsinnige Differenzierung von Vorfrage im weiteren und Vorfrage im engeren Sinne ab. Dabei soll mit **Vorfrage im weiteren Sinne** jeder Gesichtspunkt bezeichnet werden, der zu klären ist, bevor die tatsächlich einschlägigen Kollisions- oder Sachnormen angewendet werden können. **Vorfrage im engeren Sinne** sollen hingegen nur die Punkte sein, die im Rahmen der Anwendung ausländischen Kollisions- oder Sachrechts vor der Lösung der eigentlichen Problematik zu klären sind. Die **Erstfrage** ist dann nach h.M. einfach die speziellere Bezeichnung der Vorfrage im engeren Sinne.

Allerdings ist diese Unterscheidung nach Teilen der Literatur unzureichend. Der Begriff der Erstfrage soll vielmehr nur die Problematik umfassen, inwieweit Rechtsverhältnisse oder Rechte, die in dem Tatbestand einer Kollisionsnorm vorausgesetzt werden, tatsächlich bestehen. Der Unterschied zur Vorfrage soll darin bestehen, dass sich die Erstfrage bereits im Rahmen der

Anwendung des deutschen IPR stelle, die Vorfrage dagegen erst im Rahmen der Anwendung des ausländischen Rechts.

Dieser Auffassung ist zu Gute zu halten, dass es ihr gelingt, die Begriffe Vor- und Erstfrage trennscharf auseinander zu halten.

Hinweis

Die Klausurbearbeiter, die weniger Gefallen an einer akademisch-terminologischen Diskussion als an einer schnellen Lösung von IPR-Sachverhalten finden, müssen angesichts dieses terminologischen Wirrwarrs jedoch nicht verzweifeln. Die Rechtsprechung verzichtet zumeist komplett auf die Begriffe Vor- und Erstfrage. Mithin kann es Bearbeitern auch nicht als Fehler angelastet werden, wenn sie ebenfalls auf die Unterscheidung verzichten und ihre Lösungsschritte nicht genauer bezeichnen. Nur dann, wenn explizit nach den Begriffen gefragt ist, wird die Kenntnis der Problematik virulent.

§ Teilfrage

Ein Fehler wäre allerdings die Vermengung von Vor- und Erstfrage mit dem Begriff der *Teilfrage.* Die Teilfrage bezeichnet eine Tatbestandsvoraussetzung der Hauptfrage, die von dieser abgespalten und einem gesonderten Statut unterstellt werden kann. Sie taucht nicht (wie im Rahmen der Vorfrage) bereits im Tatbestand einer Kollisionsnorm selbst auf.

- Grds. erfolgt die **Regelanknüpfung**, d.h. Teilfragen werden von der berufenen materiellen Rechtsordnung beantwortet, da sie mit der Hauptfrage einen einheitlichen Lebenssachverhalt bilden.

- Ausnahme: **Sonderanknüpfung**, um einzelne Interessen besser berücksichtigen zu können.

Beispiele für typische Teilfragen sind:

- Geschäftsfähigkeit, Art. 7 Abs. 1 EGBGB

  → Vgl. *Malkus/Pierenkemper/Schulz,* Standardfälle IPR, Fall 6.

- Form des Rechtsgeschäfts, Art. 11 EGBGB, Art. 11 Rom I-VO

- Ehefähigkeit, i.R.v. Art. 14 EGBGB

Stellt sich eine Vorfrage, so bestehen für deren Beantwortung zwei grundsätzliche Ansatzpunkte:

- Zum einen könnte sich die Vorfrage nach dem materiellen Sachrecht richten, das in der Hauptfrage anwendbar ist, der *lex causae*.
- Zum anderen könnte aber auch eine selbstständige Anknüpfung vorzunehmen sein.

Die Frage wäre damit so anzuknüpfen, als ob sie als selbstständiges Problem auftauchte. Dann wäre nach dem Recht des Staates anzuknüpfen, in dem die Rechtsfrage zur Entscheidung ansteht, der *lex fori*.

Hinweis

Ein weiterer Lösungsansatz fordert dagegen nicht die Lösung der Vorfrage nach dem materiellen Sachrecht, der *lex causae*, sondern nach dem IPR des Landes des materiellen Sachrechts.

Für eine Anknüpfung entsprechend dem Recht der Hauptfrage, der *lex causae*, spricht die Einheitlichkeit der Lösung der Rechtsfrage. Werden Vorfrage und Hauptfrage nach gleichem Recht bewertet, verringert sich die Gefahr, dass sich die Lösungen in ihren Folgen entgegenstehen.

Trotz dieser Gefahren ist es dennoch überzeugender mit der h.M. die Vorfrage selbstständig anzuknüpfen und nach der *lex fori* auch für die Vorfrage das anwendbare Recht zu bestimmen. Sonst käme man zu dem fragwürdigen Ergebnis, dass Rechtsfragen wie z.B. die Wirksamkeit einer Eheschließung unterschiedlich zu beantworten wären, je nachdem, ob die Hauptfrage z.B. güterrechtlich oder scheidungsrechtlich ist. Für die h.M. spricht auch, dass Vorfragen vom Kollisionsrecht des Forums schon aufgeworfen wurden, bevor eine *lex causae* (das anwendbare Sachrecht), überhaupt ermittelt werden kann. Das deutsche Verweisungssystem setzt mithin voraus, dass inländische Vorstellungen darüber befinden, ob die Voraussetzungen für ein Eingreifen der Kollisionsnorm tatsächlich vorliegen.

Tipp

In der Klausur muss der Streit, nach welchem Recht die Vorfrage anzuknüpfen ist, aber nur dann geführt werden, wenn die Ansätze auch tatsächlich zu unterschiedliche Lösungen führen, was oftmals nicht der Fall sein wird.

? *Wiederholungs- und Vertiefungsfragen*

1. Versuchen Sie in wenigen Sätzen darzulegen, was den Unterschied zwischen Vor-, Erst- und Teilfrage ausmacht!

2. Wie sind selbstständige und unselbstständige Anknüpfung voneinander abzugrenzen?

3. Was ist der sog. innere Entscheidungseinklang?

✔ *Lösungen der Wiederholungs- und Vertiefungsfragen*

1.-2. Die Lösung der Fragen 1.-2. findet sich im oben Dargelegten.

3. Die Forderung nach dem inneren Entscheidungseinklang ist Teil der Argumentation für eine selbstständige Anknüpfung der Vorfrage an die *lex fori.* Hiernach soll das Kollisionsrecht des Forumstaates immer nach einheitlichen Regeln beurteilt werden. Dem steht der äußere Entscheidungseinklang, die einheitliche Anknüpfung von Haupt- und Vorfrage gegenüber.

VI. Verweisung und renvoi

1. Arten der Verweisung

Sind Anknüpfung, Qualifikation und Subsumtion unter die Kollisionsnorm erfolgt, ergibt sich als Rechtsfolge die Verweisung auf die anzuwendende Rechtsordnung.

a) Nach Art. 4 Abs. 1 EGBGB ist dies grundsätzlich eine **Gesamtnormverweisung**. Gesamtnormverweisung bedeutet, dass immer auf den gesamten Normenkanon einer Rechtsordnung verwiesen wird. Dies bedeutet, dass auch das IPR der jeweiligen Rechtsordnung anzuwenden ist. Mithin kann nicht sofort das tatsächliche Sachrecht des Staates auf den verwiesen wurde, auf den Fall angewendet werden, sondern es ist zunächst nach dem IPR des Staates wiederum das anwendbare Recht zu bestimmen.

b) Nach Art. 4 Abs. 1 S. 1 EGBGB kann eine Verweisung aber auch ausnahmsweise in der Form einer direkten Verweisung auf das Sachrecht einer Rechtsordnung erfolgen, es liegt dann eine sog. **Sachnormverweisung** vor. Ein Beispiel einer solchen Sachnormverweisung ist gem. Art. 20 Rom-I-VO z.B. das durch Rechtswahl zweier Parteien zur Anwendung berufene Recht.

Daran zeigt sich, dass eine Einschränkung des Grundsatzes der Gesamtnormverweisung zumeist dann vorzunehmen ist, wenn es dem Sinn und Zweck der Verweisung nach dem Parteiwillen widersprechen würde. Dies wird besonders deutlich am Beispiel der Rechtswahl durch die Parteien eines Vertrages.

Haben sie sich darauf geeinigt, dass (wie oft in internationalen Verträgen) der Vertrag englischem Recht unterliegen soll, so wäre es nicht interessengerecht anzunehmen, die Parteien hätten sich der Regelung unterwerfen wollen, die das englische Internationale Privatrecht zur Anwendung beruft. Hier ist klar, dass die Parteien vielmehr das englische Sachrecht direkt auf ihren Vertrag anwenden wollten.

Die Orientierung an Parteiwillen und **Sinn** und **Zweck** der **Norm** ergibt sich auch direkt aus dem Wortlaut des Art. 4 Abs. 1 S. 1, 2. Alt. EGBGB: „Wird auf das Recht eines anderen Staates verwiesen, so ist auch dessen Internationales Privatrecht anzuwenden, sofern dies nicht dem Sinn der Verweisung widerspricht“.

Hinweis

Auch das Internationale Privatrecht Österreichs (Art. 14 öster. IPRG) und der Schweiz (Art. 14 schweiz. IPRG) gehen vom Grundsatz der Gesamtnormverweisung aus. Das belgische IPRG dagegen vom Grundsatz der Sachnormverweisung (Art. 16 belg. IPRG).

2. Liegt eine **Gesamtnormverweisung** vor, so hat das IPR des ausländischen Staates folgende Reaktionsmöglichkeiten:

- Es kann die **Verweisung annehmen**, wenn die IPR-Vorschriften des ausländischen Staates auf die eigene Rechtsordnung verweisen;
- es kann die Sache an einen anderen Staat **zurückverweisen** (sog. *renvoi au premier degré*) oder
- es kann die Sache an einen dritten Staat **weiterverweisen** (sog. *renvoi au second degré*).

Hinweis

Nicht alle Rechtsordnungen kennen den *renvoi*. So lehnen etwa Griechenland, Dänemark, Schweden und die meisten Bundesstaaten der USA das Institut des *renvoi* ab und nehmen Verweisungen grundsätzlich an.

Liegt der zweite Fall vor und das ausländische IPR verweist zurück auf deutsches Recht, so müsste man sich wiederum fragen, ob dies eine Gesamtnorm- oder eine Sachnormverweisung ist.

Handelte es sich um eine Gesamtnormverweisung, würde diese wiederum die Anwendung ausländischen IPRs zur Folge haben und damit einen Kreislauf der Verweisungen (sog. „IPR-Ping-Pong“) aus Hin- und Zurückverweisungen auslösen. Zur Vermeidung dieses Problems sieht Art. 4 Abs. 1 S. 2 EGBGB vor, dass bei einem Rückverweis auf das deutsche Recht diese als Sachnormverweisung zu sehen ist und somit unmittelbar die deutschen Sachvorschriften anzuwenden sind. Die Verweisungskette wird damit abgebrochen.

Verweist das zur Anwendung berufene IPR jedoch nicht wieder zurück, sondern auf das Recht eines dritten Staates, handelt es sich um eine **Weiterverweisung**. Allerdings stellt sich auch hier wieder die Frage, ob eine solche Weiterverweisung als Sachnorm- oder als Gesamtnormverweisung zu verstehen ist. Wäre sie als Gesamtnormverweisung zu sehen, so könnte wieder eine erneute Weiter- oder Rückverweisung die Folge sein.

Um eine endlose Kette von Verweisungen zu vermeiden, argumentiert ein Teil der Literatur, dass auch die Weiterverweisung immer als Sachnormverweisung gesehen werden sollte. Die h.M. verfolgt dagegen einen differenzierenden Ansatz. Hiernach soll das Konzept des sog. Entscheidungseinklangs ausschlaggebend sein, ob eine Weiterverweisung als Gesamt- oder als Sachnormverweisung zu deuten ist. Der Entscheidungseinklang ist immer dann gewährleistet, wenn das durch den erneuten *renvoi* zur Anwendung berufene Recht auch das Recht ist, nach dem bei Anwendung des einschlägigen deutschen Statuts der Sachverhalt zu beurteilen gewesen wäre.

➔ Vgl. zu dieser Problematik die ausführliche Lösung bei *Malkus/Pierenkemper/Schulz,* Standardfälle IPR, Fall 5.

? *Wiederholungs- und Vertiefungsfragen*

1. Erläutern Sie jeweils in einem Satz den Unterschied zwischen Gesamtnormverweisung und Sachnormverweisung. Wo findet sich im Gesetz die Grundlage für diese Unterscheidung?

2. Wäre im Rahmen einer Rechtswahl ein *renvoi* möglich?

3. Was ist ein *versteckter renvoi*?

✔ *Lösungen der Wiederholungs- und Vertiefungsfragen*

1. Siehe Text.

2. Siehe Art. 4 Abs. 2 EGBGB.

3. Als sog. *versteckter renvoi* wird der Fall bezeichnet, wenn auf das Recht eines Landes verwiesen wird, das immer die Anwendung der *lex fori* vorsieht, die Zuständigkeit des Gerichts aber nach dem gewöhnlichen Aufenthalt bestimmt. Dann wird, wenn der gewöhnliche Aufenthaltsort nicht in demselben Land liegt wie das Gericht, das Gericht seine Zuständigkeit zurückweisen und nicht über den Sachverhalt entscheiden. In diesem Fall kann dann deutsches Recht direkt auf den Sachverhalt angewendet werden. Eine Verweisung auf das Recht eines solchen Landes ist mithin immer eine versteckte Rückverweisung auf deutsches Recht.

VII. Anpassung

Die Zuweisung von Lebenssachverhalten zu einzelnen Statuten ermöglicht zwar oftmals den Anwendungsbereich des sachgerechtesten Rechts, doch gerät sie dann an ihre Grenzen, wenn ein Sachverhalt unter mehrere Kollisionsnormen und Statute subsumierbar ist, sich die Rechtsfolgen von Normen widersprechen oder für einen Fall keine passenden Normen bestehen. Dies sind die Fälle von Normenhäufung, Normenwiderspruch oder Normenmangel, die eine Korrektur der Ergebnisse im Wege der Anpassung nötig machen.

Zur Lösung dieses Problems werden zwei Lösungsansätze vorgeschlagen. Nach einer Auffassung soll der zuständige Richter neue Normen schaffen, die in dem ihm vorliegenden Fall zu gerechten Ergebnissen führen. Die h.M. schlägt dagegen eine international-privatrechtliche Lösung vor. Hiernach soll der Verweisungsumfang entweder eingeschränkt oder erweitert werden, so dass das Rechtsverhältnis einheitlich unter eine Rechtsordnung zugeordnet werden kann.

Zur Verdeutlichung was mit Normenmangel und Normenwiderspruch gemeint ist, und wie sie durch Anpassung in der Praxis aufzulösen sind, werden nun zwei Beispielsfälle vorgestellt:

Beispielsfall zum Normenmangel: Bei einem Verkehrsunfall einer belgischen Bauernfamilie in Deutschland verstirbt der einzige Sohn der Familie. Die Familie macht nun vor einem deutschen Gericht einen Anspruch auf Rentenzahlung für die ihnen entgangenen Dienste ihres Sohnes geltend.

Das anzuwendende Recht richtet sich nach dem Ort des schädigenden Ereignisses *(lex loci delicti)*, Art. 4 Abs. 1 Rom II-VO (vgl. dazu unten ausführlich Seite 71 f.), mithin deutsches Recht. Nach § 845 BGB kann die entgangene Dienstleistungspflicht eines Hauskindes einen ersatzfähigen Schaden begründen.

Allerdings ist die Frage, ob der Sohn ein Hauskind war, das der Familie zu Diensten verpflichtet war, als Vorfrage selbstständig anzuknüpfen (vgl. oben unter A.V.). Nach Art. 19 EGBGB beurteilt sich diese Frage jedoch nach belgischem Recht. Das belgische Recht kennt jedoch keine Dienstpflicht des Hauskindes, so dass ein Anspruch der Familie entfallen würde. Hätte sich der Sachverhalt allerdings allein nach belgischem Recht beurteilt, so wäre trotzdem ein Anspruch der Familie in der geforderten Höhe gegeben, da die belgische Generalklausel die Ersatzfähigkeit des Schadens gesichert hätte.

Die Lösung erfolgt wiederum über eine Anpassung in der Form, dass der Schaden der entgangenen Dienste für die Verletzten aufgrund der besonderen Konstellation als ersatzfähig zu erachten ist (angelehnt an OLG Köln, FamRZ 1995, 1200).

Beispielsfall zum Normenwiderspruch: K ist kolumbianischer Staatsangehöriger und dort wohnhaft. Er ist Eigentümer mehrerer Grundstücke in Marburg. Seinen Sohn S bedenkt er mit zweien dieser Grundstücke im Wege eines Vorausvermächtnisses.

Als nun der Vater in Kolumbien stirbt, macht S geltend, er sei mit dem Tode des Vaters automatisch auch Eigentümer der Grundstücke geworden. Denn nach kolumbianischen Recht, hier nach Art. 21 EuErbVO anwendbar, käme Vermächtnissen dingliche Wirkung zu, sie wären somit Vindikationslegate.

Nach deutschem Recht entfalten Vermächtnisse jedoch nur schuldrechtliche Wirkung nach §§ 2174, 2150 BGB.

Die Lösung erfolgt hier durch Anpassung im Wege des Vorrangs des Einzelstatuts vor dem Gesamtstatut, dem Erbstatut (angelehnt an BGH NJW 1995, 58).

VIII. Statutenwechsel

Will man verstehen, was mit dem Begriff Statutenwechsel gemeint ist, muss man sich zunächst verdeutlichen, was in der IPR-Terminologie ein Statut ist.

Ursprünglich wurde mit Statut die Tatbestandsseite einer Kollisionsnorm bezeichnet. Heute ist darunter jedoch das zur Anwendung berufene Recht als Ergebnis der Anknüpfung zu verstehen. So ist z.B. das Erbstatut das für die Erbfolge berufene Recht. Das Statut bezeichnet die Gesamtheit der Normen, die die Kollisionsnorm materiell betreffen.

Verdeutlicht man sich dies, so gewinnt auch der Begriff des Statutenwechsels an Kontur. Ist das Statut die Folge der Anknüpfung, z.B. Erbstatut, Personalstatut oder auch Güterrechtsstatut, dann wird ersichtlich, wie sich ein Statut ändern, mithin wechseln kann und der Statutenwechsel eintritt. Verändert eine Person etwa ihre Staatsangehörigkeit, so ändert sich gleichzeitig ihr Personalstatut i.S.d. Art. 5 EGBGB. Gleiches kann gelten, wenn eine Gesellschaft ihren Sitz verlegt (siehe hierzu unten unter B.VIII.).

Beispiel: H erwirbt in der Schweiz eine Goldmünze und veräußert sie bei ihrer Rückkehr nach Deutschland an D. Nach Art. 43 Abs. 1 EGBGB ist auf die Münze jeweils das Recht des Ortes ihrer Belegenheit anzuwenden, die *lex rei sitae*. Mithin tritt der Statutenwechsel mit dem Transport über die Ländergrenze ein.

➔ Siehe zur klausurmäßigen Lösung des Falles *Malkus/Pierenkemper/Schulz,* Standardfälle IPR, Fall 12.

In den oben genannten Fällen haben sich die Anknüpfungstatsachen verändert und mit ihnen das daraus folgende Statut. Denkbar ist aber auch eine Änderung der gesetzlichen Grundlagen, entweder in Form der bloßen Veränderung der Kollisionsnorm, so dass danach ein anderes Statut für den Sachverhalt gilt oder eine Umgestaltung des betroffenen Staatsgebietes.

In Mitteleuropa sind Staatsgebietsänderungen zwar ungewöhnlich, doch kann dies in weniger stabilen Regionen schnell zur Wirklichkeit werden, man denke nur an die Auflösung des Gesamtstaates Jugoslawien und die damit verbundene Entstehung von mehreren Einzelstaaten.

Ist ein Tatbestand vollständig abgeschlossen, so gelten die Grundsätze des Statutenwechsels nicht. Hier ist das Statut einschlägig, das zum Zeitpunkt der Vollendung des Sachverhalts bestand.

Beispiel: Nach einer Eheschließung erfolgt ein Staatsangehörigkeitswechsel. Die Voraussetzungen für die Wirksamkeit der Eheschließung richten sich gem. Art. 13 EGBGB weiterhin nach dem Recht, dem die Betroffenen zum Zeitpunkt der Eheschließung angehörten.

Handelt es sich dagegen um einen sog. gestreckten Tatbestand, dessen Vollendung sich noch hinzieht, so gilt allein das neue Statut.

? *Wiederholungs- und Vertiefungsfragen*

1. Was ist ein Statut?

2. Nennen Sie ein Beispiel für einen Statutenwechsel!

3. Was sind wohlerworbene Rechte und welche Bedeutung haben sie im Rahmen des Statutenwechsels?

✔ *Lösungen der Wiederholungs- und Vertiefungsfragen*

1.-2. Siehe Text.

3. Siehe unten unter B.V.5.

IX. Ordre Public

1. Grundsatz

Die Anwendung ausländischen Rechts ist eine Durchbrechung der Souveränität der Staatsmacht. Deutsche Gerichte erkennen dabei nicht nur ausländische Entscheidungen an, sondern folgen selbst aktiv ausländischen Lösungen. Dies führt jedoch im Einzelfall zu Ergebnissen, die im Widerspruch zu fundamentalen, in Deutschland anerkannten Rechten stehen können. Zur Korrektur solcher unerwünschter Ergebnisse dient der ***ordre public* Grundsatz**. Zu finden ist der allgemeine *ordre public*-Grundsatz in Art. 6 S. 1 EGBGB, Art. 21 Rom I-VO und Art. 26 Rom II-VO, Art. 12 Rom III-VO und Art. 35 EuErbVO.

Das Prinzip darf jedoch nicht dahingehend interpretiert werden, dass unerwünschte Ergebnisse generell über den Grundsatz des *ordre public* ausgeschlossen werden können. Der Grundsatz des *ordre public* erfordert eine **schlechthin untragbare Verletzung** eines Kernbestandes der Rechtsordnung, der durch die Anwendung des ausländischen Rechts entsteht.

Maßgebliche Richtschnur für diese Bewertung sind das Grundgesetz sowie völkerrechtliche Normen. Im Rahmen der Europäischen Union und der Rom-Verordnungen sind die Grundfreiheiten zu beachten, die unter Umständen auch dazu führen können, dass keine Einschränkung nach dem *ordre public* Grundsatz vorzunehmen ist. Allerdings ist zu beachten, dass sich auch das Verständnis wandelt, welche Angelegenheiten nach deutschem Recht schlechthin untragbar sind. So erachtete man etwa 1958 sogar das sog. Kranzgeld (Prämie für die Jungfräulichkeit der Braut) als einen Teil der unverzichtbaren Rechtsordnung (vgl. BGHZ 28, 375).

> **Tipp**
>
> In diesem Bereich kommt der Rechtsprechung der Obergerichte eine große Bedeutung zu, da erst durch konkrete Fälle wirklich feststellbar ist, was einen Verstoß begründet und was nicht. In der Klausursituation sollte sich der Bearbeiter auf sein Judiz und die Ausrichtung an den Grundrechten verlassen. Ist man sich unsicher, bedarf die Lösung erhöhten Begründungsaufwandes.

Weitere Voraussetzung für die Anwendbarkeit des *ordre public* Grundsatzes ist ein **hinreichender Inlandsbezug** des Sachverhalts. Je schwächer der Inlandsbezug ist, umso intensiver muss der Verstoß gegen die deutsche Rechtsordnung sein (und umgekehrt). Die bloße Anrufung eines deutschen Gerichts genügt nicht, schließlich soll Personen ohne Bezug zur deutschen Rechtsordnung diese nicht aufgedrängt werden.

Beispiel: Tunesier M ist mit den zwei Frauen A und B verheiratet. Als A und M sterben, beansprucht B ihr Erbe. Die bigamische Ehe verstößt grundsätzlich gegen den deutschen ordre public. Da sie aber nur Vorfrage zur Hauptfrage der Erbschaft ist, wird das ordre-public-widrige Rechtsverhältnis anerkannt (*effet atténue*), da ein hinreichender Inlandsbezug fehlt.

2. Rechtsfolge

Aus dem *ordre public* Grundsatz folgt aber nicht der komplette Ausschluss ausländischen Sachrechts. Nur die zu beanstandende Norm wird durch die entsprechende Regelung der *lex fori* ersetzt, nicht hingegen der gesamte Sachverhalt nach einer anderen Rechtsordnung behandelt.

Ist der Sachverhalt allerdings ohne die beanstandete Norm nicht lösbar, etwa aufgrund des Zusammenspiels der Normen in dem betroffenen ausländischen Recht, kann es im Einzelfall nötig werden, den Sachverhalt einer anderen Rechtsordnung zu unterstellen. In Betracht kommen dann die *lex causae*, die *lex fori* oder spezielle Sachnormen.

In der Praxis kommt dem *ordre public* Grundsatz vor allem im Rahmen des Familienrechts Bedeutung zu

➔ Vgl. *Malkus/Pierenkemper/Schulz,* Standardfälle IPR, Fall 3 und 4.

? *Wiederholungs- und Vertiefungsfragen*

1. Erläutern Sie Begriff und Funktion des *ordre public.* Nennen Sie Fallkonstellationen des Familienrechts, die gegen den deutschen *ordre public* verstoßen!

2. Was ist die Rechtsfolge eines Verstoßes gegen den *ordre public* Grundsatz?

3. Fallen die sogenannten zwingenden Vorschriften auch unter den *ordre public*-Grundsatz? Welche Rolle spielen sie?

✔ *Lösungen der Wiederholungs- und Vertiefungsfragen*

1. Fallkonstellationen, die gegen den *ordre public* Grundsatz verstoßen:

- Ehehindernis der Religionsverschiedenheit
- Ehehindernis der Geschlechtsumwandlung
- Zulässigkeit der Mehr-Ehe
- Rechtsordnungen, die Kinder unter 14 Jahren für ehemündig erklären oder die Eheschließung unter Blutsverwandten (über den Rahmen des § 1307 BGB hinaus) erlauben.

2. Siehe oben im Text.

3. Nicht mit dem *ordre public* Grundsatz zu verwechseln sind sog. zwingende Vorschriften nationalen Rechts. Der Begriff der zwingenden Vorschriften, auch Eingriffsnormen genannt, umfasst die Regelungen nationalen Rechts oder Völkerrechts, die ein Gericht auch dann anzuwenden hat, wenn eigentlich ausländisches Recht zur Anwendung berufen ist. Hierbei handelt es sich zumeist um Exportverbote oder sozialpolitische Normen zum Schutz von Schwächeren. So sind etwa große Bereiche des deutschen Arbeits- und Mietrechts in Deutschland zwingendes Recht.

X. Mehrrechtsstaaten

Das deutsche IPR differenziert nicht zwischen den einzelnen Bundesländern, sondern sieht ein einheitliches Recht für das gesamte Bundesgebiet vor. In anderen Ländern, etwa in den USA, besteht dagegen auch für einzelne Bundesstaaten ein gesondertes IPR. Verweist nun das deutsche IPR auf das Recht eines solchen Bundesstaates, sieht es sich mit dem Problem konfrontiert, welches Recht es zur Anwendung beruft, Bundesrecht (vorausgesetzt ein solches Recht besteht) oder das Recht eines Einzelstaates.

Die Lösung für diese Frage bietet Art. 4 Abs. 3 S. 1 EGBGB, der auf das interne Kollisionsrecht des Landes selbst verweist (internes Kollisionsrecht ist das nationale IPR, das die Frage regeln soll, wann das Recht welches Bundesstaates anwendbar ist). Dies bringt allerdings nur dann eine Lösung, wenn ein solches einheitliches internes Kollisionsrecht besteht.

Existiert dagegen nur das Kollisionsrecht der verschiedenen Einzelstaaten, bietet Art. 4 Abs. 3 S. 1 EGBGB keine Lösung. Dann ist im Wege einer subsidiären Anknüpfung auf Art. 4 Abs. 3 S. 2 EGBGB zurückzugreifen; die jeweils engste Verbindung des Sachverhalts mit einem Recht. Hierbei ist nach h.M. aber nicht auf die engste Verbindung des Sachverhalts zurückzugreifen, sondern auf den Gegenstand, nach dem die ursprüngliche Anknüpfung erfolgen sollte.

Eine Ausnahme von der subsidiären Anknüpfung liegt nach h.M. aufgrund des Umkehrschlusses aus Art. 4 Abs. 3 S. 1 EGBGB aber dann vor, wenn sich die Verweisung bereits auf ein konkretes Teilrecht richtet, z.B. auf den Ort des Vertragsschlusses oder die Belegenheit der Sache abzielt.

Tipp

In einer Klausur ergibt sich bereits ein Hinweis auf die Lösung aus den zur Verfügung gestellten Materialien. Wird ein Auszug texanischer Gesetze beigelegt, so liegt es nahe zu prüfen, ob und wie hier texanisches Recht zur Anwendung kommen könnte, obwohl das deutsche IPR eigentlich eine Verweisung auf das Recht eines Landes vorsieht und nicht das Recht eines Teilstaates.

B. Besonderer Teil

I. Personenrecht

1. Namensrecht

Der Name einer Person wird gem. Art. 10 Abs. 1 EGBGB an die Staatsangehörigkeit angeknüpft. Art. 10 Abs. 2 und 3 EGBGB eröffnen unter bestimmten Umständen Wahlmöglichkeiten für die Namen von Ehegatten und Kindern.

Doppelt klingt besser? (vgl. OLG München, Urt. v. 19.1.2010 – 31 Wx 152/09, IPrax 2010, 452, 453 f.): Ein deutsches Paar lebt seit 2007 in England. Ende 2008 wird ihnen ein Kind geboren. Die Eltern bestimmen den Familiennamen des Vaters und der Mutter als Doppelnamen zum Familiennamen des Kindes. Dieser Name wird in England in das Geburtsregister eingetragen. Zurück in Deutschland beantragen die Eltern die Übernahme dieses in England zulässigen Namens in das deutsche Geburtenregister. Dies wird ihnen verweigert. Zu Recht?

Lösung: Grundsätzlich findet das deutsche Namensrecht gem. **Art. 10 Abs. 1 EGBGB** Anwendung. Gem. § 1617 Abs. 1 S. 1 BGB darf das Kind bei Eltern ohne Ehenamen entweder den Familiennamen des Vaters oder der Mutter tragen. Der hier gewählte Doppelname wäre demnach unzulässig. Die Wahl englischen Namensrechts ist auch gem. Art. 10 Abs. 3 S. 1 EGBGB nicht möglich.

Allerdings könnte dieses Ergebnis gegen europäisches Gemeinschaftsrecht verstoßen, dem insoweit Anwendungsvorrang zukommt. Die Weigerung, den Doppelnamen in das deutsche Geburtenregister einzutragen könnte das in **Art. 21 AEUV garantierte Recht auf Freizügigkeit** verletzen.

Der **EuGH** hat im Urt. v. 14.10.2008, Rs. C-353/06, ***Grunkin-Paul*** entschieden, dass Art. 21 AEUV (ex Art. 18 EGV) einer Bedingung entgegensteht, nach der „Behörden eines Mitgliedstaats es unter Anwendung des nationalen Rechts ablehnen, den Nachnamen eines Kindes anzuerkennen, der in einem anderen Mitgliedstaat bestimmt und eingetragen wurde, in dem dieses Kind – das wie seine Eltern nur die Staatsangehörigkeit des erstgenannten Mitgliedstaats besitzt – geboren wurde und seitdem wohnt.“

Denn dem Kind entstünden Probleme beim Nachweis seiner Identität, wenn es wieder zurück in den Mitgliedstaat, in dem es geboren wurde, kommt und Divergenzen zwischen deutschen und englischen Dokumenten (Reisepass, Geburtsurkunde, Bescheinigungen, Zeugnisse und Diplome usw.) bestehen. Der Sinn und Zweck der deutschen Vorschrift nach einem einheitlichen Namen etwa zwischen Geschwistern steht dahinter zurück.

Eine substantielle Verbindung zum Geburtsort müsse jedoch vorliegen, um einen „Namenstourismus" zu verhindern. Da die Eltern seit 2007 in England lebten, ist dies hier der Fall.

Bis der Gesetzgeber dem Gemeinschaftsrecht im nationalen Recht zur Wirksamkeit verhilft, haben Gerichte das nationale Recht an Gemeinschaftsvorgaben anzupassen. Die Übernahme des Doppelnamens in das deutsche Geburtenregister wurde daher zu Unrecht verweigert.

In Art. 47 EGBGB finden sich detaillierte Regeln zur Angleichung ausländischer Namen ans deutsche Recht. Dies ist insbesondere in Fällen von Relevanz, bei denen das ausländische Recht keine Unterscheidung zwischen Vor- und Zunamen oder aber einen Mittelnamen kennt.

2. Rechtsfähigkeit

Gem. Art. 7 Abs. 1 EGBGB unterliegt die Rechtsfähigkeit (d.h. die Fähigkeit als Rechtssubjekt Träger von Rechten und Pflichten zu sein) dem Recht des Staates, dem die Person angehört (Personalstatut = *lex patriae*). Art. 7 Abs. 1 EGBGB bezieht sich allein auf natürliche Personen. Die Rechtsfähigkeit juristischer Personen ist Frage des Internationalen Gesellschaftsrechts (vgl. Seite 103 ff.).

Die Rechtsfähigkeit **beginnt** nach § 1 BGB mit der Vollendung der Geburt. In anderen Rechtsordnungen können andere Regeln gelten.

So wird die Rechtsfähigkeit nach französischem Recht und spanischem Recht erst mit der Lebensfähigkeit (Art. 725 Code civil; bis zum 22.7.2014 galt in Spanien noch die Regelung, dass die Rechtsfähigkeit erst 24 Stunden nach der Trennung vom Mutterleib anzunehmen ist, Art. 30 Código civil; zudem muss die Leibesfrucht ein „menschliches Antlitz" aufweisen).

Die Rechtsfähigkeit **endet** mit dem Tod. Auch hier gilt das Personalstatut. Wiederum kann der Todeszeitpunkt durch die verschiedenen Rechtsordnungen unterschiedlich bestimmt werden. Zwar stellen mittlerweile wohl alle Staaten auf das Kriterium des Hirntods ab (vgl. zum deutschen Recht etwa § 3 Abs. 2 Nr. 2 TPG), sie unterscheiden sich aber teilweise erheblich in den jeweiligen Diagnoseanforderungen.

Fiktives Beispiel: Nach einem Motorradunfall liegt T im Sterben. Arzt A findet bei T einen Organspendeausweis. T stammt allerdings aus einem Staat, dessen Recht den Hirntod als Tod des Menschen nicht anerkennt, sondern das vollständige Erlöschen aller Lebensfunktionen fordert. A stellt den Gesamthirntod fest, das Herz schlägt jedoch noch, kann künstlich aufrechterhalten werden und eignet sich zur baldigen Transplantation. Kann A mit der Transplantation beginnen?

Lösung: A kann mit der Transplantation beginnen, wenn T tot ist. Der Todeseintritt richtet sich nach dem **Recht des Ortes, an dem der Betroffene künstlich am Leben erhalten wird**. Mithin nach deutschem Recht. Eine ausdrückliche Regelung gibt es zwar nicht; Art. 9 EGBGB regelt lediglich die Todeserklärung Verschollener. Dies folgt aber aus einer ungeschriebenen Regel des IPR und wird verständlich, wenn man bedenkt, dass es dem Arzt, der versucht einen Patienten am Leben zu halten, nicht zuzumuten ist, zunächst nach der Staatsangehörigkeit und dem Heimatrecht des Patienten zu forschen, bevor er eine Entscheidung über die Organentnahme trifft (vgl. *Junker,* Internationales Privatrecht, Rn 293). Diese Wertung kommt etwa in Art. 12 EGBGB, freilich mit Blick auf Verträge, zum Ausdruck. Nach deutschem Recht ist T nach Feststellung des Hirntods tot und A kann mit der Transplantation beginnen.

Alle Rechtsverhältnisse eines Verschollenen richten sich gem. Art. 9 EGBGB nach dem Recht des Staates, dem der Verschollene nach seinem letzten Lebenszeichen angehörte.

3. Geschäftsfähigkeit

Auch für die Geschäftsfähigkeit gilt gem. **Art. 7 Abs. 1 EGBGB** das Recht des Staates, dem die Person angehört (Personalstatut = *lex patriae*). Eine 20jährige Amerikanerin aus Mississippi, die in Deutschland lebt, wäre mithin nicht geschäftsfähig, da nicht die §§ 104 ff. BGB, sondern das Recht dieses US-Bundesstaates gilt, wonach die Geschäftsfähigkeit erst mit 21 Jahren gegeben ist.

Dagegen ist ein 18jähriger Deutscher, der in Mississippi ein Rechtsgeschäft abschließt, trotzdem geschäftsfähig, selbst dann, wenn er Bürger dieses Staates wird. Denn es gilt gem. **Art. 7 Abs. 2 EGBGB** der Grundsatz *„semel maior, semper maior"* (einmal geschäftsfähig, immer geschäftsfähig), d.h. auch nach Wechsel der Staatsangehörigkeit (Statutenwechsel) bleibt eine einmal bestehende Geschäftsfähigkeit erhalten.

➔ Vgl. *Malkus/Pierenkemper/Schulz,* Standardfälle IPR, Fall 6.

Praktische Auswirkungen kommt der Geschäftsfähigkeit aber aufgrund des in Art. 13 Rom I-VO und Art. 12 EGBGB statuierten **Verkehrsschutzes** nur selten zu, wie der Beispielsfall zeigt: Denn die Eltern der 20-jährigen Minderjährigen aus Mississippi können gegenüber dem deutschen Verkäufer nicht die Unwirksamkeit des Vertrages geltend machen, da dieser bei einer über 18-jährigen auf ihre Geschäftsfähigkeit und damit auf die Wirksamkeit ihrer Willenserklärung vertrauen konnte.

II. Stellvertretung, Form, Verjährung

1. Stellvertretung

Im Rahmen der Stellvertretung sind gesetzliche und gewillkürte Stellvertretung zu unterscheiden.

a) Lediglich die **gesetzliche Stellvertretung** ist im EGBGB geregelt. So unterstellt Art. 21 EGBGB die Vertretungsmacht der Eltern gegenüber den Kindern dem Recht des Staates, in dem das Kind seinen gewöhnlichen Aufenthalt hat. In Art. 24 und 25 EGBGB finden sich Regelungen zum Pfleger und Testamentsvollstrecker. Die organschaftliche Stellvertretung juristischer Personen richtet sich nach dem Gesellschaftsstatut.

b) Für die **gewillkürte Stellvertretung** halten weder die Rom I-VO noch das EGBGB Kollisionsnormen bereit. Die Kenntnis von Rechtsprechung und Literatur ist daher von besonderer Bedeutung. Bei der gewillkürten Stellvertretung ist zu unterscheiden:

aa) **Fragen der Vollmachtserteilung** (Bestehen, Umfang, Beendigung) richten sich nach dem Vollmachtsstatut.

- Teile der Literatur plädieren für eine akzessorische Anknüpfung an das Hauptgeschäft (z.B. Auftrag, Dienstvertrag). Sie unterstellen die Vollmacht dem Geschäftsstatut, d.h. dem Recht, das auch auf das Geschäft anzuwenden ist, das der Vertreter im Namen des Vertretenen abgeschlossen hat.

- Wieder andere stellen auf das Recht am gewöhnlichen Aufenthaltsort des Vertretenen (Geschäftsherrn) ab.

- Nach der **Rechtsprechung** ist die Vollmacht jedoch selbstständig anzuknüpfen und unabhängig von dem Statut des ihr zugrundeliegenden Rechtsgeschäfts zu ermitteln. Sie stellt auf das **Recht des Wirkungslandes** ab.

  Dafür spricht der **Verkehrsschutz**: Da der Dritte von dem Verhältnis zwischen Geschäftsherrn und Bevollmächtigten keine Kenntnis hat, ist es erforderlich an das Recht des Wirkungslandes anzuknüpfen. Nur so kann der Geschäftspartner Umfang und Wirksamkeit der Vollmacht leicht überprüfen. Aus diesem Grund darf auch keine Rück- oder Weiterverweisung beachtet werden. Die Verweisung ist daher Sachnormverweisung.

Mit Wirkungsland ist der **Gebrauchsort der Vollmacht** gemeint, teilweise wird auch auf die Niederlassung des Vertreters abgestellt. In zahlreichen Fällen werden allerdings beide Orte übereinstimmen.

Beispiel: V ist Vertreter des französischen Winzers F und schließt in Deutschland mit dem deutschen Weinhändler D einen Kaufvertrag ab. In diesem ist das UN-Kaufrecht ausgeschlossen. Welches Recht findet Anwendung?

Lösung: Der Kaufvertrag unterliegt mangels Rechtswahl gem. Art. 4 Abs. 1 lit. a) Rom I-VO dem Recht des Staates, in dem der Verkäufer seinen gewöhnlichen Aufenthalt hat, mithin französischem Recht (dazu sogleich mehr in B.III.). Bestehen, Umfang und Beendigung der Vollmacht richten sich jedoch unabhängig vom Hauptgeschäft aus Gründen des Verkehrs-schutzes nach dem Recht am Gebrauchsort der Vollmacht, mithin nach deutschem Recht.

Eine Ausnahme mag allerdings für Vollmachten zur Verfügung über Grundstücke gelten, da die Verkehrsinteressen und der internationale Entscheidungseinklang auf das Recht der belegenen Sache *(lex rei sitae)* weisen.

bb) **Zulässigkeit und Wirkungen der Stellvertretung** unterliegen dagegen dem Wirkungsstatut, d.h. dem Statut des vom Vertreter vorgenommenen Rechtsgeschäfts.

cc) Die Haftung des **Vertreters ohne Vertretungsmacht** *(falsus procurator)* ist auch nach Erlass der Rom I- und II-VOen noch eine Frage der Stellvertretung, die sich nach dem Vollmachtsstatut richtet. Dies resultiert aus ihrem Charakter als verschuldensunabhängige gesetzliche Garantiehaftung. Damit gilt das Recht desjenigen Ortes, an dem der scheinbare Vertreter eine bestehende Vertretungsmacht überschritten bzw. behauptet hat.

dd) **Duldungs- und Anscheinsvollmacht** werden an das Wirkungsstatut angeknüpft, wobei die Wirkung an dem Ort eintritt, an dem der Rechtsschein entstanden ist und sich ausgewirkt hat, d.h. am Ort, an dem der Scheinvertreter handelte. Neuerdings wird vorgeschlagen, dass Duldungs- und Anscheinsvollmachten nach Art. 4 oder Art. 12 Abs. 2 Rom II-VO zu bewerten sind. Schließlich entstehen sie durch einen schuldhaft in die Welt gesetzten Rechtsschein und sind daher als außervertragliche Schuldverhältnisse einzuordnen (vgl. *Bach,* IPrax 2011, 116, 120).

2. Form

Die Form ist in den jeweiligen europäischen Verordnungen speziell geregelt, etwa in Art. 11 Rom I-VO für schuldrechtliche Verträge. Sofern keine spezielle Regelung besteht (etwa sachenrechtliche Verfügungen, Eheverträge), richtet sich die Form von Rechtsgeschäften nach Art. 11 EGBGB.

Art. 11 Abs. 1 EGBGB statuiert (ebenso wie Art. 11 Rom I-VO) eine alternative Anknüpfung. Angeknüpft werden kann an das Wirkungsstatut oder an das Ortsrecht (= Recht, am Ort, an dem das Rechtsgeschäft vorgenommen wird, *locus regit actum*). Wird ein Vertreter eingeschaltet, so ist auch dessen Aufenthaltsort maßgeblich. Auf diese Weise wird eine möglichst große Vertragswirksamkeit erreicht und der grenzüberschreitende

Verkehr erleichtert, schließlich sind Parteien mit ausländischen Formvorschriften typischerweise nicht vertraut.

3. Verjährung und Verwirkung

Die Verjährung und Verwirkung ist, ebenso wie die Stellvertretung, nicht kodifiziert. Sie werden dem Recht unterstellt, dass den geltend gemachten Anspruch beherrscht *(lex causae)*. In den USA hingegen wird die Verjährung prozessrechtlich qualifiziert, da nicht der Anspruch, sondern das Klagerecht verjährt.

? *Wiederholungs- und Vertiefungsfragen*

1. Was bedeutet *„semel maior, semper maior"?*

2. Wie erfolgt die Anknüpfung bei der gewillkürten Stellvertretung?

3. Welche Art der Anknüpfung gilt hinsichtlich der Form?

✔ *Lösungen der Wiederholungs- und Vertiefungsfragen*

1. – 3. Siehe oben im Text.

Europäische Verordnungen zum IPR

Die Rechtsquellen des IPR haben sich seit 2009 stark verändert. Es ist in weiten Teilen ein **„europäisches IPR-Gesetz"** entstanden: Mit der Rom I-VO zu vertraglichen Schuldverhältnissen sind die Art. 27-37 EGBGB außer Kraft getreten, mit Inkrafttreten der Rom II-VO zu außervertraglichen Schuldverhältnissen kommt den Art. 38-42 EGBGB kaum noch Bedeutung zu. Gleiches gilt für die bisherigen Regelungen zur Ehescheidung und zum internationalen Erbrecht, die nunmehr in der Rom III-VO sowie der EuErbVO enthalten sind. Ab dem 29.1.2019 werden auch die Regelungen zum ehelichen Güterstand durch die EuGüVO (bzw. die Regelungen zu eingetragenen Partnerschaften durch die EuPartVO) vereinheitlicht.

Gem. Art. 3 Abs. 1 lit. a) und b) EGBGB sind die Verordnungen unmittelbar anwendbar und vorrangig gegenüber dem nationalen Kollisionsrecht des EGBGB.

III. Vertragliche Schuldverhältnisse (Rom I–VO)

In der Fallbearbeitung bietet sich, sobald vertragliche Schuldverhältnisse zu untersuchen sind, folgende Prüfungsreihenfolge an:

1. Vorrang internationaler Abkommen: UN-Kaufrecht (CISG)

Internationale Abkommen haben Vorrang vor der Rom I-VO. Sie sind in der Klausur stets zuerst zu prüfen. Das wichtigste internationale Abkommen im Internationalen Vertragsrecht ist das zum UN-Kaufrecht (CISG = Convention on the International Sale of Goods).

➔ Beispiel zum Vorrang internationaler Abkommen, vgl. *Malkus/Pierenkemper/Schulz,* Standardfälle IPR, Fall 7.

a) Anwendungsbereich

aa) In **räumlich/persönlicher** Hinsicht findet das CISG Anwendung, wenn die Parteien ihre Niederlassung bzw. ihren Aufenthalt in verschiedenen Vertragsstaaten haben (Art. 1 Abs. 1 lit. a) CISG) und dies gem. Art. 1 Abs. 2 CISG für die Parteien auch erkennbar ist. Dies ist bei über 75 CISG-Vertragsstaaten im Großteil der Fälle zu bejahen.

Das CISG ist auch gem. Art. 1 Abs. 1 lit. b) CISG anwendbar, wenn das nationale IPR auf das Recht eines CISG-Vertragsstaates verweist. (= „kollisionsrechtliche Vorschaltlösung“).

Beispiel: Ein deutsches Unternehmen verkauft einen Gegenstand an ein englisches Unternehmen. Eine Rechtswahl wurde nicht getroffen. Es kommt zum Streit. Welches Recht hat das deutsche Gericht anzuwenden?

Lösung: Großbritannien ist kein CISG-Vertragsstaat, so dass die Anwendbarkeit nicht durch Art. 1 Abs. 1 lit. a) CISG begründet werden kann. Dennoch findet mangels Rechtswahl das CISG Anwendung. Denn Art. 4 Abs. 1 lit. a) Rom I-VO verweist auf das deutsche Recht als

Sitzrecht des Verkäufers. Da Deutschland Vertragsstaat des CISG ist, findet dies auch gem. Art. 1 Abs. 1 lit. b) CISG Anwendung.

bb) Der **sachliche Anwendungsbereich** erfasst Kaufverträge i.S.v. Art. 1 Abs. 1 CISG und Werklieferungsverträge i.S.v. Art. 3 Abs. 1 CISG.

- **Kaufverträge** haben die entgeltliche Lieferung von Waren zum Gegenstand (nur bewegliche Gegenstände, nicht Immobilien und Rechte), die nicht für den persönlichen Gebrauch bestimmt sind, vgl. Art. 2 lit. a) CISG.

  [In den meisten Fällen sind die Parteien daher Kaufleute; dies ist aber keine Voraussetzung!]

- **Werklieferungsverträge** haben die Lieferung herzustellender oder zu erzeugender Ware zu Gegenstand.

- Vom CISG nicht erfasst sind:
  - c.i.c. – die *culpa in contrahendo*
  - Fragen der Gültigkeit des Vertrages, Art. 4 lit. a) CISG
  - Dingliche Rechtsgeschäfte gem. Art. 4 lit. b) CISG
  - Haftung für Personenschäden, Art. 5 CISG.

cc) In **zeitlicher** Hinsicht dürfte der Anwendungsbereich des CISG stets eröffnet sein, gilt der Vertrag doch in Deutschland schon seit dem 1.1.1991.

b) Vorteile

Die Vorteile des CISG in Form eines weltweit einheitlichen und in zahlreichen Sprachen vorliegenden Rechts sind insbesondere für Unternehmen mit zahlreichen Geschäftskontakten in verschiedene Länder offenkundig. Können diese doch ihre Verträge einem einheitlichen Regelwerk unterstellen, ohne dass jeweils eine IPR-Prüfung und gegebenenfalls die Feststellung ausländischen Rechts erfolgen muss.

c) Abwahl

Nichtsdestotrotz findet sich in zahlreichen Verträgen eine Abwahlklausel. Art. 6 CISG stellt klar, dass die Parteien das UN-Kaufrecht abwählen können.

Beispiel: Unternehmer V möchte sich auf das UN-Kaufrecht nicht einlassen und schreibt daher in seine Kaufverträge „§ 10 – Auf den Vertrag findet deutsches Recht Anwendung". Genügt dies für eine Abwahl?

Lösung: Die Klausel „auf den Vertrag findet deutsches Recht Anwendung" genügt in dieser Form nicht, um das CISG abzuwählen. Da das CISG über Art. 59 Abs. 2 GG den Rang einfachen Bundesrechts hat, ist es Bestandteil der deutschen Rechtsordnung und wird daher von der Rechtswahlklausel des Kaufvertrags umfasst.

Den Parteien bleibt es aber auch bei erfolgreicher Abwahl unbenommen, das CISG noch nachträglich (etwa während eines Prozesses) zu vereinbaren.

d) Inhalt

Maßgeblich wird die Abwahl-Entscheidung auch von den rechtlichen Unterschieden zwischen nationalem bzw. ausländischem Recht und CISG beeinflusst sein.

Das UN-Kaufrecht ist grundsätzlich verkäuferfreundlich, wie folgende Regelung zeigt: der Erfüllungsort für die Hauptleistungspflicht von Verkäufer und Käufer liegt grundsätzlich beim Verkäufer, vgl. Art. 31 lit. a); Art. 57 lit. a) CISG.

Andererseits sind die Untersuchungs- und Rügeobliegenheiten des Käufers nicht so streng wie die in § 377 HGB statuierten, vgl. Art. 38, 39, 44 CISG.

Das UN-Kaufrecht ist teilweise weniger ausdifferenziert als das deutsche Recht. Es kennt keine Unterscheidung zwischen Unmöglichkeit, Verzug, positiver Vertragsverletzung, Haupt- und Nebenpflichten, sondern es wird alles von einem einheitlichen Leistungsstörungstatbestand der „wesentlichen Vertragsverletzung" (Art. 25 CISG) erfasst. Für eine Haftung ist ein Verschulden grundsätzlich nicht erforderlich, aber es gibt bestimmte Befreiungsgründe (Artt. 78, 80 CISG).

Das CISG regelt den Vertragsschluss, die Rechte und Pflichten, insbesondere die Folgen von Pflichtverletzungen. Hingegen werden Fragen der Geschäftsfähigkeit, der Willens- und Formmängel sowie die dinglichen Folgen des Kaufvertrages nicht erfasst. Insoweit ist das UN-Kaufrecht teilweise lückenhaft und autonomes Recht findet Anwendung.

2. Anwendungsbereich der Rom I-VO

a) Den **sachlichen** Anwendungsbereich der Rom I-VO bestimmt Art. 1 Abs. 1 Rom I-VO. Danach gilt sie für **vertragliche Schuldverhältnisse in Zivil- und Handelssachen**, die eine Verbindung zum Recht verschiedener Staaten aufweisen.

Die Rechts-, Geschäfts- und Handlungsfähigkeit ist nicht umfasst, Art. 1 Abs. 2 a Rom I-VO (beachte aber: Art. 13 Rom I-VO). Sie wird weiterhin im EGBGB geregelt.

b) In **räumlicher** Hinsicht gilt sie für **alle Mitgliedstaaten der EU** mit Ausnahme Dänemarks und Großbritanniens. Die Rom I-VO gilt „universell“, d.h. gem. Art. 1 Abs. 1 Rom I-VO für alle vertraglichen Schuldverhältnisse „die eine Verbindung zum Recht verschiedener Staaten aufweisen“. Dabei ist unerheblich, ob es sich bei diesen um Mitgliedstaaten handelt. Nach Art. 2 Rom I-VO ist sie auch gegenüber Nicht-Vertragsstaaten anwendbar, sog. *loi uniforme.*

c) In **zeitlicher** Hinsicht gilt die Verordnung für alle nach dem **17.12.2009** geschlossenen Verträge, vgl. Art. 28 Rom I-VO.

Die Regelungen der Rom I-VO gelten gem. Art. 29 Rom I-VO unmittelbar in den Mitgliedstaaten. Sie ist daher gem. Art. 3 Nr. 2 EGBGB vorrangig anzuwenden.

Tipp

Dies sollte in der Klausur als einer der ersten Prüfungspunkte, nach Ablehnung des UN-Kaufrechts, erwähnt werden.

3. Inhalt der Rom I-VO

Die Verweisungen der Rom I-VO sind gem. Art. 20 Rom I-VO grundsätzlich Sachnormverweisungen, d.h. ein *renvoi* ist ausgeschlossen.

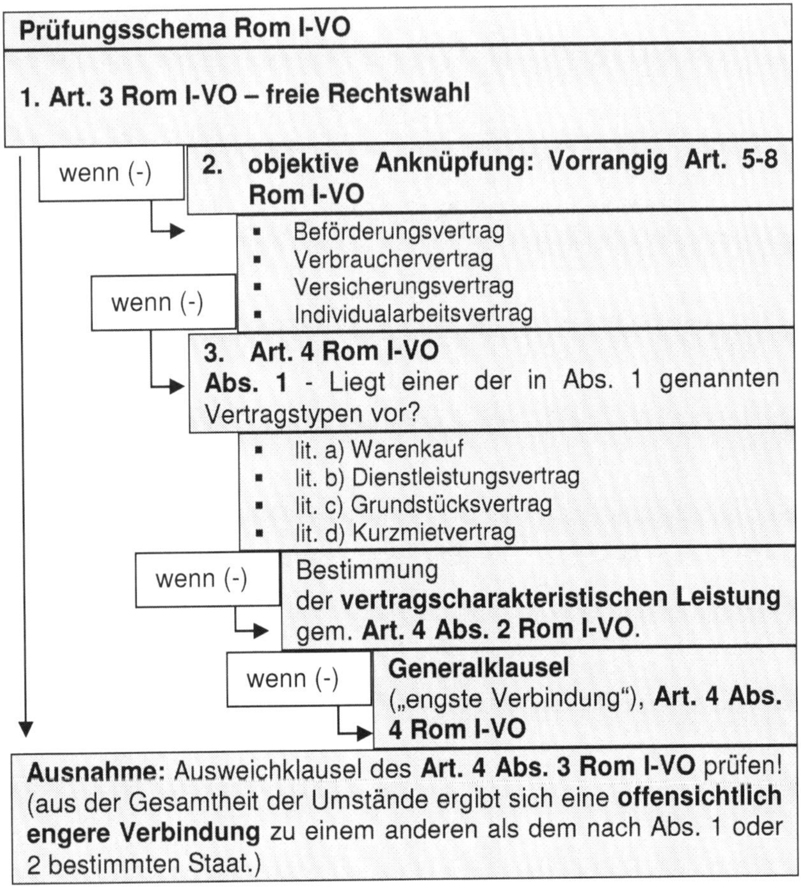

a) Anknüpfung gem. Art. 3 Rom I-VO: freie Rechtswahl

Primär kann das Recht frei gewählt werden, vgl. Art. 3 Abs. 1 S. 1 Rom I-VO. Dies kann ausdrücklich, aber auch **konkludent** erfolgen, z.B. durch die Vereinbarung eines Gerichtsstandes, Verwendung von AGB, die auf einer bestimmten Rechtsordnung basieren, Verwendung spezieller juristischer Begrifflichkeiten, Vertragssprache, Abschlussort, Währung. Dabei muss aufgrund mehrerer Kriterien hinreichend sicher sein, dass die Vertragspartner ein Recht wählen wollten.

Bei Zweifeln liegt keine Rechtwahl vor, vgl. Art. 3 Abs. 1 S. 2 Rom I-VO („Die Rechtswahl muss [...] sich *eindeutig* aus den Bestimmungen des Vertrags oder den Umständen des Falles ergeben“).

Beispiel zur konkludenten Rechtswahl (BGH, JuS 2000, 1228): Die Parteien schließen einen Vertrag nach deutschem Recht, anschließend zur Beilegung eines Streits einen Vergleich nach französischem Recht.

Lösung: In diesem Fall kann der Vertragspartner nicht mehr mit den deutschen Regelungen vom Vergleich zurücktreten. Eine eindeutige Rechtswahl i.S.d. Art. 3 Abs. 1 S. 2 Rom I-VO wurde durch Bezugnahme auf die französischen Vorschriften getroffen, so dass der Vertrag dem französischen Recht unterliegt. Ebendies gilt, wenn sich die Parteien auf Geschäftsbedingungen oder Gepflogenheiten beziehen, die auf dem Recht eines Staates beruhen, z.B. die Allgemeinen Deutschen Speditionsbedingungen (ADSp).

Vollständig wählbar ist nur staatliches Recht. Bei Wahl einer nichtstaatlichen "Rechtsordnung", z.B. lex mercatori, UNIDROIT, Principles of International Commercial Contracts gelten die zwingenden Normen des objektiv anwendbaren materiellen Rechts weiterhin. Dies zeigt die Entstehungsgeschichte des Art. 3 Rom I-VO, der im Kommissionsvorschlag noch die Wählbarkeit nichtstaatlichen Rechts zuließ.

Die Rechtswahl erfasst grundsätzlich alle vertragsrechtlichen Fragen. Die freie Rechtswahl kann sich aber auch nur auf einen **Teil des Vertrages** beziehen. Im Übrigen gilt dann die objektive Anknüpfung gem. Art. 4 Rom I-VO. Oder aber die Parteien spalten den Vertrag, d.h. sie unterstellen verschiedene Teile des Vertrages unterschiedlichen Rechtsordnungen (Vertragsspaltung, sog. *dépeçage),* vgl. Art. 3 Abs. 1 S. 3 Rom I-VO. So können etwa Vertragsschluss und dessen Erfüllung unterschiedlichen Rechtsordnungen unterstellt werden. Problematisch wird dies, wenn dadurch die materielle Harmonie gefährdet wird.

Weitere Beispiele der Vertragsspaltung (vgl. Staudinger-*Magnus*, Art. 3 Rom I-VO, Rn 106):
- Ein Darlehensvertrag wird nach dem Recht eines islamischen Staates abgeschlossen, welches Zinsen nicht kennt bzw. verbietet. Deshalb unterstellen die Vertragsparteien die Zinsfrage dem deutschen Recht.
- Ein Vertrag zum internationalen Anlagenbau könnte die Lieferung dem Lieferantenrecht und die Montage dem Recht am Montageort unterstellen.
Gerade bei gemischten Verträgen kann sich eine Vertragsspaltung als sinnvoll erweisen.

Art. 3 Abs. 2 S. 1 Rom I-VO zeigt, dass eine Rechtswahl jederzeit, also auch **nachträglich** (z.B. im Rahmen eines Prozesses) noch möglich ist. Die Rechtswahl wirkt ex tunc. Dies macht die eben genannte Norm deutlich, die andernfalls überflüssig wäre. Danach werden durch eine nachträgliche Rechtswahl die Formgültigkeit des Vertrages und Rechte Dritter nicht berührt.

Die freie Rechtswahl findet in nachfolgenden Regelungen ihre **Grenzen:**

- Gem. Art. 3 Abs. 3 Rom I-VO ist in reinen **Inlandsfällen** zwar eine Rechtswahl möglich, es bleibt aber bei der Geltung zwingenden Inlandsrechts. Somit kommt der Rechtswahl keine kollisionsrechtliche, sondern nur eine materiell-rechtliche Wirkung zu. Eine „Flucht aus dem eigenen Recht" wird dadurch verhindert. Erfasst sind alle gesetzlichen, gewohnheits- und richterrechtlichen Regeln, die nicht dispositiv sind.
- Nach der **Binnenmarktklausel** des Art. 3 Abs. 4 Rom I-VO können die Parteien zwingendes Gemeinschaftsrecht durch die Wahl des Rechts eines Drittstaats nicht abbedingen, wenn der Sachverhalt nur mit dem Gebiet der EU verbunden ist. Auch hier wird eine Gesetzesumgehung verhindert. Zwingendes Gemeinschaftsrecht wird insbesondere durch die von den Mitgliedstaaten umgesetzten Richtlinien festgesetzt, z.B. durch die Verbraucherschutz-, die Handelsvertreter- und die Zahlungsverzugsrichtlinie.

Handelsvertreter aufgepasst! (EuGH v. 9.11.2000 – Rs. C-381/98, *Ingmar*), Slg. 2000, I-9305): Der deutsche Unternehmer D stellt den italienischen Handelsvertreter für den Vertrieb seiner Produkte in Italien ein. Sie vereinbaren, dass der Handelsvertretervertrag dem kalifornischen Recht untersteht. Dieses kennt nämlich – anders als das deutsche und italienische Recht (vgl. § 89b HGB und Art. 1751 codice civile) – keinen zwingenden Ausgleichsanspruch des Handelsvertreters bei Vertragsbeendigung. Ist diese Vereinbarung wirksam?

Lösung: Grundsätzlich können die Vertragsparteien das anwendbare Recht frei wählen, Art. 3 Abs. 1 Rom I-VO. Dies ist hier durch die ausdrückliche Wahl des kalifornischen Rechts geschehen. Die freie Rechtswahl findet aber in Art. 3 Abs. 4 Rom I-VO ihre Grenzen:
Zunächst liegen alle anderen Elemente des Sachverhalts zum Zeitpunkt der Rechtswahl in mehreren Mitgliedstaaten. Der Unternehmer hat seinen

Sitz in Deutschland, der Handelsvertreter ist Italiener und ist in Italien tätig. Weiter wurde mit dem kalifornischen Recht das Recht eines Drittstaats gewählt.

Dies hat zur Folge, dass durch die Vereinbarung nicht von Bestimmungen des Gemeinschaftsrechts – gegebenenfalls in der von dem Mitgliedstaat des angerufenen Gerichts umgesetzten Form – abgewichen werden kann.

Sowohl § 89b HGB als auch Art. 1751 codice civile beruhen auf der EG-Handelsvertreterrichtlinie (86/643/EWG), die in Art. 17-19 einen zwingenden Ausgleichsanspruch für den Handelsvertreter vorsieht.

Demnach ist die Rechtswahl nach Art. 3 Abs. 4 Rom I-VO unbeachtlich und es ist objektiv anzuknüpfen. Gem. Art. 4 Abs. 1 lit. b Rom I-VO kommt das italienische Recht als Sitzrecht des Handelsvertreters zum Zuge und es gelten die dortigen Durchführungsbestimmungen der Handelsvertreter-Richtlinie, d.h. Art. 1751 codice civile. Eine gegebenenfalls bestehende über die Vorgaben der Richtlinie hinausgehende Umsetzung (sog. überschießende Umsetzung) wird allerdings nicht mehr von Art. 3 Abs. 4 Rom I-VO erfasst. Insoweit verbleibt ein kleiner Spielraum, in dem sich die Parteien bei Sachverhalten mit Auslandsbezug noch ein Regelungsgefälle innerhalb der EU zunutze machen können.

b) Objektive Anknüpfung gem. Art. 4 Rom I-VO

Wurde kein Recht gewählt, wird gem. Art. 4 Rom I-VO objektiv angeknüpft.

Zunächst regelt der Katalog des Art. **4 Abs. 1 Rom I-VO** für typische Verträge die Anknüpfung:

- **lit. a): Warenkauf**
  [Beachte: zunächst die Anwendbarkeit des UN-Kaufrechts (CISG) prüfen!]
  Beim Warenkauf ist das Recht am gewöhnlichen Aufenthalt des Verkäufers anzuwenden.
- **lit. b): Dienstleistungsverträge**
  Auch Dienstleistungsverträge unterliegen dem Recht des Staates, in dem der Dienstleister seinen gewöhnlichen Aufenthalt hat.
  Der Begriff der Dienstleistung ist nach Erwägungsgrund Nr. 17 zur Rom I-VO wie bei Art. 5 Nr. 1 lit b) EuGVVO auszulegen. Er ist autonom auszulegen und weiter als der deutsche Begriff der Dienstleistung. Er umfasst jede Art von gewerblichen oder freiberuflichen Diensten, Werklieferungen, Werkleistungen,

Geschäftsbesorgung, Frachtleistungen, Vermittlertätigkeiten für Waren, Kredite und Kapitalanlagen.

- **lit. c): Grundstücksverträge**
  Bei Grundstücksverträgen gilt das Belegenheitsrecht, d.h. das Recht am Lageort des Vertragsgegenstandes (*lex rei sitae*). Neben Verträgen, die ein dingliches Recht an einem Grundstück zum Gegenstand haben, gilt die *lex rei sitae* auch für Miete und Pacht.

- **lit. d): Ausnahme für kurzfristige Mietverhältnisse**
  Eine Ausnahme zu lit. c) bildet lit. d) bei Mietverträgen über unbewegliche Sachen, die für höchstens sechs Monate zwischen zwei Personen mit demselben gewöhnlichen Aufenthalt geschlossen wurden.

  Beispiel für diese „Ferienhaus-Norm“: Vermietet der in Deutschland wohnende A seinem ebenfalls in Deutschland wohnenden Nachbarn B sein Ferienhaus in Alicante für einen Monat, unterliegt der Vertrag deutschem Recht. Die Vorschrift stellt den Gleichlauf zu Art. 22 Nr. 1 Satz 2 EuGVVO her.

- lit. e) und f): Franchise und Vertriebsverträge

- **lit. g): Versteigerungen**
  Bei Verträgen über den Kauf beweglicher Sachen durch Versteigerungen gilt das Recht des Staates, in dem die Versteigerung abgehalten wird.

Problem: gemischte Verträge

Problematischer ist die Einordnung **gemischter Verträge**, d.h. Verträge, die sich nicht zweifelsfrei einem Vertragstyp zuordnen lassen, sondern Elemente mehrerer Vertragstypen enthalten. Eine Lösungsmöglichkeit bestünde darin, an die charakteristische Leistung nach Art. 4 Abs. 2 Rom I-VO anzuknüpfen. Zunächst sollte jedoch der Vorrang des Abs. 1 beachtet und auf die genannten Regelbeispiele abgestellt werden. Hierbei sind folgende Überlegungen anzustellen:

Ist die Gegenleistung eine reine Geldzahlung und setzt sich die Leistung aus Elementen verschiedener Vertragstypen zusammen, für die aber alle die gleiche Anknüpfung nach Art. 4 Abs. 1 Rom I-VO gilt, ist diese maßgeblich.

Beispiel: Fällt der Kauf einer Einbauküche mit Montageverpflichtung unter Art. 4 Abs. 1 lit. a) oder b) Rom I-VO?

Lösung: Beim Kauf einer Einbauküche mit Montageverpflichtung spielt es letztlich keine Rolle, ob Art. 4 Abs. 1 lit. a) oder b) Rom I-VO angewendet wird, da nach beiden Regelungen auf das Recht des Staates abzustellen ist, in dem der Verkäufer bzw. Dienstleister seinen gewöhnlichen Aufenthalt hat.

Besteht die Gegenleistung in Geld und sind für die anderen Einzelleistungen unterschiedliche Anknüpfungsvermutungen einschlägig, ist der Schwerpunkt der geschuldeten Leistung zu ermitteln.

Ist keiner der im Katalog des Abs. 1 genannten Verträge einschlägig oder eine eindeutige Zuordnung nicht möglich, so unterliegt der Vertrag dem Recht des Staates, in dem die Partei, welche die charakteristische Leistung zu erbringen hat, ihren gewöhnlichen Aufenthalt hat, **Art. 4 Abs. 2 Rom I-VO**. **Charakteristische Leistung** meint dabei, diejenige Leistung, an der man die Art des Vertrages erkennen kann, nicht die Gegenleistung, die zumeist eine Geldzahlung darstellt.

Beispiel: Welches Recht findet bei einer Bürgschaft Anwendung?

Lösung: Mangels eines passenden, in Art. 4 Abs. 1 Rom I-VO genannten Vertragstyps ist die charakteristische Leistung der Bürgschaft zu ermitteln, Art. 4 Abs. 2 Rom I-VO. Charakteristisch für die Bürgschaft ist die Übernahme eines Haftungsrisikos durch den Bürgen, so dass Art. 4 Abs. 2 Rom I-VO zum Recht des gewöhnlichen Aufenthalts des Bürgen führt.

Ausweichklausel, Art. 4 Abs. 3 Rom I-VO: Weist der Vertrag eine offensichtlich **engere Verbindung** mit einem anderen Staat auf, als sich aus der objektiven Anknüpfung ergibt, so gilt das Recht dieses Staates. Eine engere Verbindung kann durch die bereits im Rahmen der konkludenten Rechtswahl genannten Merkmale entstehen, z.B. Vertragssprache, Vertragswährung, Staatsangehörigkeit oder Abschlussort. In ihrer Häufung können auch unbedeutendere Merkmale den Ausschlag dafür geben, von den Anknüpfungsregeln der Abs. 1 und 2 abzuweichen.

Generalklausel, Art. 4 Abs. 4 Rom I-VO: Gelingt keine der vorherigen Anknüpfungen, so gilt das Recht des Staates, mit dem der Vertrag die **engste Verbindung** aufweist. Art. 4 Abs. 4 Rom I-VO dient damit als Auffangregelung. Die engste Verbindung lässt sich durch Abwägung aller Umstände des Einzelfalls ermitteln. Hierfür bietet sich eine Orientierung an den gesetzlich verwendeten Anknüpfungsmerkmalen an. Auch wenn Art. 4 Abs. 1 Rom I-VO nicht einschlägig ist, können die dort genannten Regelanknüpfungen ebenso wie die Sonderanknüpfungen der Art. 5-8 (siehe sogleich) als Anhaltspunkte dienen.

Eine starke Indizwirkung kommt dem gewöhnlichen Aufenthaltsort sowie dem Belegenheitsort zu, eine schwächere dem Erfüllungsort, der Staatsangehörigkeit, der Vertragssprache und der Währung sowie dem Abschlussort.

c) Besonders geregelte Anknüpfungsregeln für bestimmte Verträge, Art. 5 – 8 Rom I-VO

Die Art. 5-8 Rom I-VO stellen für bestimmte Verträge gesonderte Anknüpfungsregeln auf. Diese sind vorrangig vor der objektiven Anknüpfung gem. Art. 4 Rom I-VO zu prüfen. Anknüpfungsmerkmal ist dabei häufig der gewöhnliche Aufenthalt einer Vertragspartei, der in Art. 19 Rom I-VO näher definiert wird.

aa) Beförderungsverträge, Art. 5 Rom I-VO

Beispiel: Die deutsche D-AG kauft bei der C-Inc. mit Sitz in Taiwan Speicherchips und lässt sie durch das Transportunternehmen T mit Sitz in Taiwan per Luftfracht nach Deutschland transportieren. Welches Recht findet Anwendung?

Lösung: Die D-AG und die T haben einen Vertrag über die Beförderung von Gütern abgeschlossen. Eine ausdrückliche Rechtswahl i.S.d. Art. 3 Rom I-VO ist nicht ersichtlich. Gem. Art. 5 Rom I-VO ist daher das Recht des Staates anzuwenden, in dem der Beförderer seinen gewöhnlichen Aufenthalt hat, sofern sich in diesem Staat auch der Übernahmeort oder der Ablieferungsort oder der gewöhnliche Aufenthalt des Absenders befindet.

Gewöhnlicher Aufenthaltsort von Gesellschaften und juristischen Personen ist der Ort ihrer Hauptverwaltung, vgl. Art. 19 Abs. 1 S. 1 Rom I-VO. Der Firmensitz des Beförderers T liegt in Taiwan, dort befindet sich auch der Übernahmeort.

Auch ist aus den Gesamtumständen nicht ersichtlich, dass der Vertrag mit einem anderen Staat als Taiwan eine engere Verbindung aufweist, vgl. Art. 5 Abs. 3 Rom I-VO. Mithin gilt taiwanesisches Recht.

bb) Verbraucherverträge, Art. 6 Rom I-VO

Bei einem Vertrag zwischen einem Unternehmer und einem Verbraucher ist Art. 6 Rom I-VO zu beachten. Er erfasst grundsätzlich alle Vertragstypen, macht aber in Abs. 4 bestimmte Ausnahmen. In räumlicher Hinsicht findet er Anwendung, wenn der Unternehmer seine berufliche Tätigkeit im Aufenthaltsstaat des Verbrauchers ausübt (lit. a) oder seine Tätigkeit auf diesen Aufenthaltsstaat ausrichtet (lit b).

Der besondere Schutz der Verbraucher führt dazu, dass

- bei fehlender Rechtswahl Art. 4 Rom I-VO durch Art. 6 Rom I-VO als *lex specialis* verdrängt wird. Es gilt sodann das Recht des Staates, in dem der **Verbraucher** seinen **gewöhnlichen Aufenthalt** hat.
- bei einer Rechtswahl die Rechtsfolgen durch Art. 6 Abs. 2 Rom I-VO eingeschränkt werden. Dies bewahrt dem Verbraucher stets das Schutzniveau seines Aufenthaltsstaates.

Beispiel „Teppichkauf“: Der deutsche D macht Urlaub in Tunesien. Am Strand wird er vom tunesischen Teppichhändlers T angesprochen und schließt mit diesem einen Kaufvertrag über einen Teppich. Es wird vereinbart, dass der Teppich von einer deutschen Firma direkt an die Heimatadresse des D geliefert werden soll. Zu Hause angekommen bereut D, dass er sich diesen Teppich „hat aufschwatzen lassen“ und widerruft den Vertrag. T verweist auf das im Vertrag vereinbarte tunesische Recht, welches anders als das deutsche Recht kein Widerrufsrecht kenne. Steht dem D ein Widerrufsrecht zu?

Lösung: D steht ein Widerrufsrecht gem. §§ 312g Abs. 1, 312b Abs. 1 S. 1 Nr. 1 BGB zu, wenn deutsches Recht auf den Kaufvertrag zwischen D und T Anwendung findet. Im Vertrag wurde ausdrücklich tunesisches Recht gewählt.

Diese Rechtswahl könnte jedoch gem. **Art. 6 Abs. 2 Rom I-VO** insoweit unwirksam sein, als dass D der Schutz entzogen wird, der ihm nach dem Recht, das nach Art. 6 Abs. 1 Rom I-VO bei fehlender Rechtswahl anzuwenden wäre, zustände.

Ohne Rechtswahl könnte das Recht des Aufenthaltsstaates des D, also deutsches Recht gelten und D stünde ein Widerrufsrecht gem. §§ 312g

Abs. 1, 312b, 355 Abs. 3 BGB (es ist davon auszugehen, dass die materiellen Voraussetzungen der Normen erfüllt sind) zu.

Dazu müsste **Art. 6 Abs. 1 Rom I-VO** anwendbar sein.
- Persönlicher Anwendungsbereich (+)
  Teppichhändler T = Unternehmer, Urlauber D = Verbraucher

- Sachlicher Anwendungsbereich?
T müsste seine Tätigkeit in irgendeiner Weise auf Deutschland ausgerichtet haben. Deutschsprachige Werbung spricht für eine Ausrichtung in diesem Sinne, wenn sie in Deutschland verbreitet wurde. Dies ist aber nicht der Fall. Auch eine Direktlieferung nach Deutschland spricht nicht zwangsläufig für ein Ausrichten. Die Voraussetzungen sind so zu verstehen, dass der Fall eine Nähe zum Inlandsgeschäft aufweist. Nur insoweit erscheint der deutsche Verbraucher schützenswert.
Begibt er sich hingegen aus eigenem Antrieb ins Ausland und erwirbt dort Waren, ist er kollisionsrechtlich nicht schutzwürdig. Daher hat der BGH in den sog. **Gran-Canaria-Fällen** (benannt nach dem Ort des ersten Auftretens dieses Sachverhalts) bisher sämtliche Versuche der Instanzgerichte und der Literatur, die den Verbraucher über Gebühr schützen wollten, eine Absage erteilt (vgl. BGH, NJW 1997, 1697 zum mit Art. 6 Rom I-VO weitgehend identischen Art. 29 EGBGB). Die Vorschläge zu einem weitergehenden Verbraucherschutz werden wie folgt begründet:

- Art. 6 Abs. 1 Rom I-VO analog (-)
- Art. 10 Abs. 2 Rom I-VO (-)
- Art. 9 Rom I-VO (-)
- Art. 21 Rom I-VO = *ordre public* (-)

[In der Klausur können Sie all diese Normen ansprechen und mit dem oben genannten Argument der mangelnden Schutzwürdigkeit des Verbrauchers, der sich aus eigenem Antrieb ins Ausland begibt, ablehnen.]

Die getroffene Rechtswahl ist nicht unwirksam gem. Art. 6 Abs. 2 Rom I-VO. Es gilt tunesisches Recht. Im Ergebnis steht dem D daher kein deutsches Widerrufsrecht zu.

d) Form

Die Form schuldrechtlicher Verträge wird durch Art. 11 Rom I-VO geregelt.

Art. 11 Abs. 1 Rom I-VO statuiert eine **alternative Anknüpfung**. Angeknüpft werden kann an das Wirkungsstatut oder an das Ortsrecht (= Recht, am Ort, an dem das Rechtsgeschäft vorgenommen wird, *locus regit actum*). Wird ein Vertreter eingeschaltet, so ist auch dessen Aufenthaltsort maßgeblich. Auf diese Weise wird eine möglichst große Vertragswirksamkeit erreicht und der grenzüberschreitende Verkehr erleichtert, schließlich sind Parteien mit ausländischen Formvorschriften typischerweise nicht vertraut.

Gem. Art. 11 Abs. 2 Rom I-VO ist ein Vertrag auch dann formgültig, wenn bei einem Vertragsschluss unter Abwesenden dem Recht eines der beiden Aufenthaltsstaaten genügt wurde.

Art. 11 Abs. 4 Rom I-VO schränkt das weitreichende Wahlrecht der Form allerdings für **Verbraucherverträge** i.S.v. Art. 6 Rom I-VO dahingehend ein, dass für diese das Recht des Staates maßgebend ist, in dem der Verbraucher seinen **gewöhnlichen Aufenthalt** hat.

Eine weitere - schon von der Stellvertretung her bekannte - Ausnahme gilt für Formvorschriften, die sich auf Grundstücke beziehen. Gem. Art. 11 Abs. 5 Rom I-VO findet unter den dort genannten Voraussetzungen weitestgehend das Recht des Belegenheitsortes *(lex rei sitae)* Anwendung.

Beispiel: Notargebühren sparen in Österreich?
Der in München lebende V verkauft sein in Frankfurt belegenes Grundstück an den in Basel lebenden K. Um Notargebühren zu sparen, schließen sie den Kaufvertrag privatschriftlich in Österreich ab. Nach österreichischem Recht können auch Kaufverträge über Grundstücke formfrei geschlossen werden. Ist der Kaufvertrag wirksam?

Lösung: Nach deutschem Recht erfüllt der Kaufvertrag nicht die nötige Form, da § 311 b Abs. 1 BGB eine notarielle Beurkundung erfordert. Nach österreichischem Recht genügt hingegen die Schriftform.

Gem. **Art. 11 Abs. 1 Rom I-VO** besteht grundsätzlich ein **Wahlrecht**. Für Grundstücke wird das Wahlrecht allerdings durch **Art. 11 Abs. 5 Rom I-VO** eingeschränkt. Danach unterliegen die Verträge über Rechte an einem Grundstück den zwingenden Formvorschriften des Belegenheitsortes *(lex rei sitae)*. Die **Formvorschrift des § 311b Abs. 1 S.1 BGB ist** aber **international nicht zwingend**.
Sie gilt allein in Deutschland, erhebt aber keinen Anspruch auf unbedingte Anwendung für Verträge über im Inland belegene Grundstücke. Daher steht Art. 11 Abs. 5 Rom I-VO der Anwendung von Abs. 1 nicht entgegen.

Es kann an das Recht des Ortes angeknüpft werden, in dem sich beide Parteien zum Zeitpunkt des Vertragsschlusses befinden, mithin an österreichisches Recht. Danach ist der Kaufvertrag formwirksam geschlossen worden.

Dass die Parteien nur zum Zwecke der Ersparnis von Notargebühren den Vertrag nach den Formvorschriften von Österreich eingingen, spielt keine Rolle. Das Verhalten ist nicht arglistig, vielmehr steht es jedem frei, die vorhandenen Gestaltungsmöglichkeiten durch Statutenwechsel zu nutzen. Eine rechtsmissbräuchliche Gesetzesumgehung liegt nicht vor.

➔ Vgl. *Malkus/Pierenkemper/Schulz,* Standardfälle IPR, Fall 8.

e) Rechts-, Geschäfts- und Handlungsfähigkeit

Die Rechts-, Geschäfts- und Handlungsfähigkeit wird zwar nicht von der Rom I-VO erfasst (vgl. Art. 1 Abs. 2 a Rom I-VO, s.o. B.I.2 und 3, allerdings bedürfen bestimmte Ergebnisse in diesem Zusammenhang einer Korrektur durch die Ausnahmeregelung des Art. 13 Rom I-VO. Die Regelung dient dem Vertrauensschutz und korrigiert ähnlich wie Anknüpfung an eine „offensichtlich engere Verbindung“ (vgl. Art. 4 Abs. 3 Rom I-VO) als Ausprägung des *ordre public* ungerechte Ergebnisse.

? *Wiederholungs- und Vertiefungsfragen*

1. In welcher Reihenfolge ist die Anknüpfung bei vertraglichen Schuldverhältnissen zu prüfen?

2. Welche Anknüpfungspunkte sind maßgeblich?

3. Nennen Sie Indizien für eine konkludente Rechtswahl!

4. Warum wird das UN-Kaufrecht häufig durch vertragliche Vereinbarung abbedungen?

✔ *Lösungen der Wiederholungs- und Vertiefungsfragen*

1. bis 3. vgl. Prüfungsschemata und Text oben.

4. Die Wahl des CISG kann im Einzelfall Nachteile gegenüber dem deutschen Recht haben (s.o. B.III.1.d)), auch können speziellere deutsche Regelungen, z.B. die ADSp (Allgemeinen Deutschen Speditionsbedingungen) gegenüber dem CISG sinnvoller sein. Zu bedenken ist allerdings auch, dass deutsche Gerichte mit dem CISG nicht zwangsläufig so gut vertraut wie mit dem deutschen Recht und auch deutsche Anwälte lieber nach deutschem Recht beraten dürften.

Literaturempfehlungen

- Fälle zur Rom I-VO finden sich in *Malkus/Pierenkemper/Schulz*, Standardfälle IPR: Fälle 7 und 8.
- *Pfeiffer,* Neues Internationales Vertragsrecht. Zur Rom I-Verordnung, EuZW 2008, 622.

IV. Gesetzliche Schuldverhältnisse (Rom II-VO)

Auch die gesetzlichen Schuldverhältnisse werden in Europa nach Inkrafttreten der Rom II-VO seit Anfang 2009 weitgehend einheitlich angeknüpft. Daneben existieren mit den Art. 38 ff. EGBGB noch einige deutsche IPR-Regeln für gesetzliche Schuldverhältnisse.

1. Anwendungsbereich

Die Rom II-VO hat einen Anwendungsvorrang gegenüber den nationalen Kollisionsnormen der Art. 38 ff. EGBGB.

- **zeitlich:** für Ereignisse, die nach Inkrafttreten am 11.01.2009 eingetreten sind, vgl. Artt. 31, 32 Rom II-VO.

[Daher gibt es bislang auch noch kaum aktuelle Rechtsprechung zu diesem Thema. Die nachfolgenden Fälle sind daher fiktiv oder beruhen auf alten Sachverhalten, die nach neuer Rechtslage gelöst werden]

- **räumlich:** wie auch die Rom I-VO hat sie gem. Art. 3 Rom II-VO universelle Geltung in jedem vor einem mitgliedstaatlichen Gericht anhängigen Fall, unabhängig vom Gemeinschaftsbezug.

- **sachlich:** Gem. Art. 1 Abs. 1 Rom II-VO gilt sie für außervertragliche Schuldverhältnisse in Zivil- und Handelssachen. Außervertragliche Schuldverhältnisse meint:

- **Delikt, GoA, ungerechtfertigte Bereicherung**

- aber im Unterschied zum deutschen Recht auch: vorvertragliche Ansprüche (c.i.c.), Ansprüche aus dem Eigentümer-Besitzer-Verhältnis, Aufopferung und Vertrag mit Schutzwirkung zugunsten Dritter.

- hingegen nicht: Ansprüche wegen Gewinnzusagen.

Die Rom II-VO gilt gem. Art. 2 Rom II-VO auch für vorbeugende Unterlassungsansprüche.

Vom Anwendungsbereich ausgenommen sind nach der **Bereichsausnahme des Art. 1 Abs. 2 Rom II-VO** insbesondere außervertragliche Schuldverhältnisse mit Bezug zum Familienrecht, Güterrecht, Wechselrecht, Gesellschaftsrecht sowie die Verletzung des Allgemeinen Persönlichkeitsrechts. Insoweit verbleibt ein Anwendungsspielraum für Art. 38 ff. EGBGB.

Prüfungsschema Rom II-VO

1. vorrangige völkerrechtliche Abkommen, vgl. Art. 28 Rom II-VO.

2. Haben die Parteien eine Rechtswahl gem. Art. 14 Rom II-VO getroffen?
In einem solchen Fall geht das gewählte Recht allen anderen Anknüpfungen vor. Die zulässige Rechtswahl der Parteien kann auch nicht durch eine wesentlich engere Verbindung gem. Art. 4 Abs. 3 Rom II-VO verdrängt werden.

Art. 14 Abs. 1 Rom II-VO – nach Eintritt des haftungsbegründenden Ereignisses möglich.
Art. 14 Abs. 2 und 3 Rom II-VO – Zusammenhang zwischen betreffenden Staaten.

wenn (-) →

3. Mangelt es an einer Rechtswahlvereinbarung, ist in einem zweiten Schritt zu klären, ob der Sachverhalt unter eine der **speziellen Kollisionsnormen** der Rom II-VO subsumiert werden kann (**Art. 5-9 Rom II-VO**).

wenn (-) →

4. Greift keine speziellere Anknüpfungsregel, so ist zu prüfen, ob die Deliktsbeteiligten einen **gemeinsamen gewöhnlichen Aufenthalt** oder Sitz haben. Wird dies bejaht, so kommt das gemeinsame Heimatrecht der Parteien zur Anwendung (Art. 4 Abs. 2 Rom II-VO); andernfalls ist das **Recht des Erfolgsortes** maßgeblich (Art. 4 Abs. 1 Rom II-VO).

5. *Ausnahme:* Schließlich bleibt zu untersuchen, ob eine wesentlich engere Verbindung mit dem Recht eines anderen Staats besteht, so dass – abweichend vom Erfolgsortrecht bzw. dem gemeinsamen Umweltrecht – ein drittstaatliches Recht zur Anwendung berufen ist (Art. 4 Abs. 3 Rom II-VO).

2. Rechtswahl gem. Art. 14 Rom II-VO

Auch im außervertraglichen Schuldrecht können die Parteien eine Rechtswahl treffen, vgl. Art. 14 Rom II-VO. Damit wird ebenso wie in der Rom I-VO der Parteiautonomie große Bedeutung zugemessen.

Das Wahlrecht kann nicht nur nach dem Eintritt des schadensbegründenden Ereignisses (Art. 14 Abs. 1 S. 1 lit a)), sondern auch davor vereinbart werden. Voraussetzung für eine vorherige Vereinbarung ist nach lit b) allerdings, dass die Parteien einer "kommerziellen Tätigkeit" nachgehen.

Die Grenzen der zulässigen Rechtswahl zeigt Art. 14 Abs. 2 und 3 Rom II-VO auf: Die Rechtswahl darf nicht von zwingenden Vorschriften des Staates abweichen, wenn alle schadensbegründenden Elemente des Sachverhalts in einem anderen Staat als demjenigen begründet sind, dessen Recht gewählt wurde. Ebendies gilt bei einem reinen Binnensachverhalt.

3. Spezielle Kollisionsnormen

Eine Rechtswahl wird bei außervertraglichen Schuldverhältnissen selten gegeben sein. Relevanter ist daher die objektive Anknüpfung, wie schon die exponierte Stellung am Anfang der Verordnung noch vor der Norm zur Rechtswahl zeigt:

a) Deliktsrecht

Das Recht der unerlaubten Handlung ist in Art. 4-9 Rom II-VO geregelt.

aa) Spezielle Anknüpfung

Vorrangig sind die speziellen Regelungen der Art. 5-9 Rom II-VO zu prüfen. Sie gehen der Grundanknüpfung des Art. 4 Rom II-VO vor. Dies erfordert eine genaue Definition des Anwendungsbereichs der Art. 5-9 Rom II-VO. Insoweit erfolgt eine autonome Auslegung.

Produkthaftung: Art. 5 Rom II-VO findet Anwendung, wenn ein "Schaden durch ein Produkt" eintritt. Die Auslegung erfolgt anhand der Legal-definitionen der Produkthaftungsrichtlinie. Nach Art. 2 ProdH-RL ist ein Produkt "jede bewegliche Sache einschließlich der Elektrizität." Erfasst sind auch bewegliche Sachen, die einen Teil einer anderen beweglichen oder einer unbeweglichen Sache bilden, nicht aber landwirtschaftliche Naturprodukte oder Jagderzeugnisse.

Beispiel: Daher werden beispielsweise spanische, mit Krankheitserregern befallene Tomaten und Gurken nicht von Art. 5 Rom II-VO erfasst, sondern sind ggf. nach Art. 7, ansonsten nach Art. 4 Rom II-VO, anzuknüpfen.

Einstürzende Häuser werden, da sie unbeweglich sind, nicht von Art. 5 Rom II-VO erfasst. Auch hier gilt Art. 4 Rom II-VO, was sachgerecht erscheint, da der Ort des Schadenseintritts eben am Lageort liegt.

Weitere spezielle Anknüpfungsregeln existieren mit Art. 6 Rom II-VO für Ansprüche aus unlauterem Wettbewerb, gem. Art. 7 Rom II-VO für Umweltschäden, Art. 8 Rom II-VO für Ansprüche aus geistigem Eigentum und Art. 9 Rom II-VO für Arbeitskampfmaßnahmen. Bei mehreren betroffenen Sachbereichen muss nach dem spezielleren gesucht werden.

Beispiel: Wird ein Umweltschaden durch ein fehlerhaftes Produkt verursacht, ist der Umweltschutz spezieller, da ihm ein höheres Schutzniveau zugesprochen wird, vgl. Erwägungsgründe 20 und 25.

bb) Allgemeine Anknüpfung: Art. 4 Rom II-VO

Liegt keine der oben genannten speziellen Kollisionsnormen vor, ist die allgemeine Anknüpfung nach Art. 4 Rom II-VO vorzunehmen.

Anknüpfungspunkt ist gem. Art. 4 Abs. 1 Rom II-VO der **Erfolgsort**, d.h. es ist das Recht des Staates anzuwenden, in dem das geschützte Rechtsgut verletzt worden ist. Dabei ist es unerheblich, in welchem Staat die Handlung vorgenommen wurde.

[Das deutsche IPR knüpft hingegen in den Art. 40 Abs. 1 S. 1 EGBGB (der noch für Altfälle gilt, d.h. für vor dem 10.1.2009 eingetretene schadensbegründende Ereignisse) an den Handlungsort an und ermöglichte dem Geschädigten, alternativ auch das Recht des Erfolgsortes zu wählen (vgl. Art 40 Abs. 1 S. 2 EGBGB). Dieses Wahlrecht besteht i.R.d. Rom II-VO nun nicht mehr.]

Erfolgsort meint den Ort, an dem das geschützte Rechtsgut verletzt worden ist. Dies ist zumeist auch der Ort, an dem die

Schadensfolgen eintreten, kann aber vereinzelt auch divergieren wie das folgende Beispiel zeigt:

Beispiel (vgl. *Hoffmann/Thorn*, § 11 Rn 30): Brite B wohnt in London. Während seines Urlaubs in München wird er bei einem Verkehrsunfall schwer verletzt. Nach einer Behandlung im örtlichen Krankenhaus wird er nach London ausgeflogen. Dort verstirbt er an den Unfallfolgen. Nach welchem Recht können die Erben des B Ansprüche gegen den Unfallverursacher geltend machen?

Lösung: Wenn auch die Schadensfolge (Tod) erst in London eintritt, wurde das geschützte Rechtsgut (Leib und Leben) doch bereits in München verletzt. Dort liegt der Erfolgsort, so dass deutsches Recht anzuwenden ist.

Problematisch ist die Anknüpfung an den Erfolgsort, wenn ein **Ortswechsel** zwischen Beendigung der Verletzungshandlung und Eintritt des Verletzungserfolgs stattgefunden hat.

Beispiel (vgl. *Hoffmann/Thorn*, § 12 Rn 31): Spanier S kauft bei einem Zwischenstopp auf dem Frankfurter Flughafen ein in Deutschland hergestelltes Medikament. Auf dem Weiterflug nach Peking nimmt er es an Bord der britischen Maschine ein und erleidet einen Herzinfarkt. In Peking angekommen, wird er sofort ein Krankenhaus eingeliefert. Nach welchem Recht richten sich mögliche Schadensersatzansprüche gegen den Medikamentenhersteller?

Lösung: Art. 4 Abs. 1 Rom II-VO knüpft an den Erfolgsort an. Dies ist der Ort, an dem das geschützte Rechtsgut verletzt worden ist.

Die Verletzungshandlung in Form des Verkaufs eines fehlerhaften Medikaments ist in Deutschland abgeschlossen, auch wenn der Erfolg erst in Großbritannien eintritt. Insoweit gilt bei Delikten an Bord von Flugzeugen (wie auch bei Schiffen) grundsätzlich das Recht des Hoheitszeichens (bzw. Heimatshafens), egal über welchem staatlichen Luftraum (bzw. staatlichen Gewässer) sich das Flugzeug (bzw. Schiff) gerade befindet.

Abzustellen ist auf den Ort, in dem die Schadensquelle so in den Rechtskreis des Geschädigten eingetreten ist, dass der Zeitpunkt und damit der Ort des Erfolgseintritts allein von dessen Willen abhängt. Maßgeblich ist daher der Ort des Kaufs, hier Frankfurt. Dass der Erfolg schließlich an anderer Stelle eintrat, ist unerheblich.

Letztlich ist die Bestimmung des Erfolgsorts problematisch, wenn eine Mehrzahl von Erfolgsorten vorliegt, wie im Fall der sog. *Streudelikte*.

Beispiel: Die deutsche Boulevard-Zeitung B veröffentlicht ohne Genehmigung Fotoaufnahmen aus dem Privatleben von Prinzessin Caroline von Monaco. Die deutschsprachige Zeitschrift erscheint in Deutschland, Österreich und der Schweiz, wird aber auch in alle anderen europäischen Staaten ausgeliefert. Nach welchem Recht kann Caroline Ansprüche wegen Verletzung ihres Persönlichkeitsrechts geltend machen?

Lösung: Das anwendbare Recht bestimmt sich nicht nach der Rom II-VO, da sie derartige Fälle nicht erfasst, vgl. Art. 1 Abs. 1 lit. g) Rom II-VO.

Daher gilt Art. 40 EGBGB, so dass Caroline ein Wahlrecht zwischen dem Handlungsort (Ort des Drucks = Deutschland) und dem Erfolgsort hat. Der Erfolg ist jedoch durch die weitreichende Verbreitung der Zeitschrift in mehreren europäischen Staaten eingetreten.

Bei diesen Streudelikten bieten sich drei Lösungsmöglichkeiten an:

- e.A. – nach dem **Günstigkeitsprinzip** ist das für die Geschädigte günstigste Erfolgsortrecht anwendbar. Dagegen spricht, dass dies zu einer willkürlichen Bevorzugung der Geschädigten führt.
- h.M. – nach der **Mosaikbetrachtung** beurteilen sich in verschiedenen Staaten eingetretene Schäden nach der jeweils betroffenen Rechtsordnung. Dagegen sprechen freilich Schwierigkeiten der praktischen Durchführung, wenn der gesamte Schaden am Gericht des Handlungsorts geltend gemacht wird.
- a.A. – durch **Schwerpunktbildung** soll eine praktikable Lösung geschaffen werden. Demnach ist auf den Haupterfolgsort abzustellen oder, wenn sich ein solcher nicht eindeutig ermitteln lässt, auf den Wohnsitz des Geschädigten. Bei der hier vorliegenden Persönlichkeitsverletzung wäre das Recht am gewöhnlichen Aufenthalt der Prinzessin maßgeblich, als derjenige Ort, an dem am stärksten in ihre soziale Umwelt eingegriffen wurde. Mithin würde das Recht Monacos bzw. Frankreichs Anwendung finden.

Weiterhin kann gem. **Art. 4 Abs. 2 Rom II-VO** an den **gewöhnlichen Aufenthalt** angeknüpft werden, wenn Geschädigte und Schädiger zum Zeitpunkt des Schadenseintritts ihren gewöhnlichen Aufenthaltsort in demselben Staat haben. Diese Anknüpfung ist gegenüber Art. 4 Abs. 1 Rom II-VO vorrangig, da die Schadensabwicklung nach Rückkehr der Parteien an ihren gewöhnlichen Aufenthaltsort wesentlich leichter fallen dürfte.

➔ Zur Ermittlung des gewöhnlichen Aufenthalts vgl. *Malkus/ Pierenkemper/Schulz,* Standardfälle IPR, Fall 11.

Letztlich gilt auch im Deliktsrecht das schon aus Art. 4 Abs. 3 Rom I-VO bekannte Prinzip, dass bei einer offensichtlich engeren Verbindung zu einem anderen Staat dessen Recht anzuwenden ist. Dies folgt aus der **Ausweichklausel** des **Art. 4 Abs. 3 Rom II-VO.**

➔ Zur offensichtlich engeren Verbindung vgl. *Malkus/Pierenkemper/Schulz,* Standardfälle IPR, Fall 5.

Beispiel: Eine solche engere Verbindung wurde etwa bei Schadensersatzansprüchen eines deutschen Patienten, der sich in einem Spital in der Schweiz behandeln ließ, angenommen. Nicht der Erfolgsort, der nach selbstmedikamentöser Behandlung in Deutschland lag, sondern der Zusammenhang zum Behandlungsvertrag, rechtfertigten die Anwendung des Rechts der Schweiz (BGH v. 19.7.2011 – VI ZR 217/10, VersR 2011, 1405)

cc) Reichweite des Deliktsstatuts, Art. 15 - 17 Rom II-VO

Das nach der Rom II-VO anzuwendende Recht ist maßgebend für Haftungsgrund, Haftungssubjekt und Haftungsumfang, Haftungsausschluss und Haftungsbeschränkung, Art und Bemessung des Schadens, Inhalt des Ersatzanspruchs (z.B. Geldersatz, Widerruf oder Naturalrestitution), Übertragbarkeit des Anspruchs, Anspruchsberechtigte, Haftung für Dritte sowie Erlöschen der Haftung.

dd) ordre public

In Art. 26 Rom II-VO findet sich eine spezielle *ordre public*-Regelung. Findet das Delikts- und Schadensrechts eines anderen Staates Anwendung, sollte überprüft werden, ob dieses noch mit der öffentlichen Ordnung des Staates des angerufenen Gerichts vereinbar ist. Zweifel können etwa bestehen, wenn das anwendbare materielle Recht die pauschale Entschädigung von Unfallopfern auf Basis von Tabellen vorsieht (wie z.B. das spanische „Baremo") und eine solche von der Einzelfallbetrachtung losgelöste Entschädigung dem deutschen Recht gänzlich unangemessen scheint.

Ein *ordre public*-Verstoß kann insbesondere angenommen werden, wenn die Anwendung des zumeist US-amerikanischen materiellen Rechts zu einem **Strafschadensersatz** (sog. *punitive damages*) führt. Ein solcher über den reinen Schadensausgleich hinausgehender Strafschadensersatz ist dem deutschen Recht weitgehend unbekannt. Es wäre daher kaum vorstellbar, von deutschen Gerichten Schmerzensgeld in Millionenhöhe zugesprochen zu bekommen, wenn sich ein Kunde an zu heißem Kaffee verbrüht, da der Plastikdeckel nicht ordentlich befestigt war.

Das Verbot eines Strafschadensersatzes ergibt sich aus Art. 40 Abs. 3 EGBGB und findet sich in Erwägungsgrund 32 der Rom II-VO.

b) Geschäftsführung ohne Auftrag

G.o.A. nach der Rom II-VO (Anknüpfungsleiter)

1. Eine Rechtswahl hat Vorrang, Art. 14 Rom II-VO
Diese kann nach (lit. a) und, wenn die Parteien einer kommerziellen Tätigkeit nachgehen, auch vor der Geschäftsführung vereinbart werden (lit. b)

wenn (-) → **2.** primär ist nach einer akzessorischen Anknüpfung an ein bestehendes Rechtsverhältnis zu suchen, Art. 11 Abs. 1 Rom II-VO, z.B. Vertrag (vgl. Bsp. 1)

wenn (-) → **3.** Anknüpfung an den gemeinsamen gewöhnlichen Aufenthalt, Art. 11 Abs. 2 Rom II-VO

wenn (-) → **4.** Regelanknüpfung: Ort der Geschäftsführung, Art. 11 Abs. 3 Rom II-VO

5. *Ausnahme:* Bei einer offensichtlich engeren Verbindung zu einem anderen Staat verweist die Ausweichklausel des Art. 11 Abs. 4 Rom II-VO auf das Recht dieses Staates.

Beispiel für die akzessorische Anknüpfung an ein bestehendes Rechtsverhältnis i.S.d. Art. 11 Abs. 1 Rom II-VO: E ist Eigentümer eines Ferienhauses in einer Ferienanlage in Spanien. Die Grünflächen der Anlage um den gemeinsamen Pool werden vom selbstständigen Gärtner G gepflegt. Die Pflege des eigenen Gartens obliegt dagegen den einzelnen Eigentümern. Eine Palme im Garten des E droht umzustürzen. G versucht, den E vergeblich zu erreichen, der befindet sich aber in Deutschland. E fällt daraufhin die Palme. Nach welchem Recht kann er die Erstattung der Kosten verlangen?

Lösung: Eine Rechtswahl i.S.d. Art. 14 Rom II-VO liegt nicht vor. Gem. Art. 11 Abs. 1 Rom II-VO ist primär an ein bestehendes Rechtsverhältnis anzuknüpfen. Zwischen G und E bzw. der Gemeinschaft der Hausbesitzer besteht bereits ein dauerhafter Werkvertrag. Der Zusammenhang zwischen der Geschäftsführung ohne Auftrag und dem bestehenden Vertrag ist so eng, dass sich auch diese Ansprüche nach dem Vertragsstatut beurteilen. Gem. Art. 4 Abs. 1 lit b) Rom I-VO gilt das Recht des Staates, in dem der Dienstleister seinen gewöhnlichen Aufenthalt hat, mithin in Spanien (beachte: der Begriff der „Dienstleistung" i.R.d. Art. 4 Abs. 1 lit b) Rom I-VO ist autonom auszulegen und auch Werkverträge sind umfasst, s.o. B.II.3.b). Auch eine offensichtlich engere Verbindung zu einem anderen Staat ist nicht ersichtlich.

c) Bereicherungsrecht

Anwendungsbereich der Rom II-VO bzgl. Bereicherungsrecht: Der Rom II-VO kommt aufgrund des Vorrangs der Rom I-VO nur bei der Eingriffskondiktion und bei der Zahlung im Zusammenhang mit delikts-, unterhalts- bzw. erbrechtlichen Schuldverhältnissen Bedeutung zu.

Beispiel für einen Bereicherungsanspruch im Zusammenhang mit deliktsrechtlichen Schuldverhältnissen: Der deutsche G macht Urlaub in einer Ferienanlage auf einer griechischen Insel. Er fordert vom Engländer S Schadensersatz, da der Hund des S die Schuhe des G zerbissen habe. S bezahlt. Später stellt sich heraus, dass G den Hund verwechselt hat. Tatsächlich war es der Hund des Franzosen D. S fordert sein Geld zurück.

Geschäftsführung ohne Auftrag und Fälle des Bereicherungsrechts treten in der Praxis eher selten auf, so dass die Lösung mit Lektüre des Gesetzes, dem im Allgemeinen Teil und dem zum Deliktsrecht Gesagten erschlossen werden kann. Zudem sei auf die ausführlichen Falllösungen im Fallbuch *Malkus/Pierenkemper/Schulz,* Standardfälle IPR, Fälle 9 und 10 verwiesen.

? *Wiederholungs- und Vertiefungsfragen*

1. Wie ist vorzugehen, wenn das EGBGB auf eine Rechtsordnung verweist, die den sog. Strafschadensersatz kennt?

2. Wie ist das Verhältnis von Art. 4 Rom II-VO zu Art. 5-9 Rom II-VO?

3. Ist bei außervertraglichen Schuldverhältnissen eine Rechtswahl zulässig? Wenn ja, zu welchem Zeitpunkt? Wie muss die Rechtswahl aussehen? Wo liegen ihre Grenzen?

✔ *Lösungen der Wiederholungs- und Vertiefungsfragen*

1. – 2. siehe Text.

3. a) Eine Rechtswahl ist gem. Art. 14 Rom II-VO grundsätzlich zulässig. Lediglich bei unlauterem Wettbewerb und Verletzung der Rechte des geistigen Eigentums ist sie gem. Art. 6 und 8 Rom II-VO unzulässig.

   b) Die Rechtswahl ist gem. Art. 14 Abs. 1 S. 1 lit a) Rom II-VO grundsätzlich erst nach dem schadensbegründenden Ereignis möglich. Wenn beide Parteien aber kommerziell tätig sind auch schon vorher, Art. 14 Abs. 1 S. 1 lit b) Rom II-VO.

   c) Die Rechtswahl muss ausdrücklich erfolgen oder sich mit hinreichender Sicherheit aus den Umständen ergeben. Gem. Art. 14 Abs. 1 S. 2 Rom II-VO darf sie nicht zu Lasten Dritter gehen.

   d) Die Grenzen der zulässigen Rechtswahl zeigt Art. 14 Abs. 2 und 3 Rom II-VO auf (lesen!).

1. Allgemeines

Das internationale Sachenrecht regelt die rechtlichen Beziehungen einer Person zu einer Sache: Die Entstehung, Zuordnung, Übertragung, den Untergang und den Inhalt eines Rechts mit absoluter Wirkung, insbesondere das Eigentum, den Besitz und beschränkte dingliche Rechte, aber auch die Nutzungs- und Verfügungsbefugnis, sowie Schutzansprüche bei Störungen oder Entziehung einer Sache.

Definition: Sachen sind körperliche Gegenstände (Wertpapiere sind umfasst, sofern sie in Urkunden verbrieft sind).

Nicht vom Sachstatut erfasst sind dagegen Beeinträchtigungen, die von einem Grundstück ausgehen und einen nachbarrechtlichen Unterlassungsanspruch begründen können (z.B. grenzüberschreitende Immissionen). Diese richten sich nach dem Deliktsstatut, d.h. nach der Rom II-VO (vgl. Art. 44 EGBGB).

Im Unterschied zum Schuldrecht existiert im Sachenrecht keine internationale Vereinheitlichung. Es existieren keine internationalen Abkommen (außer für Schiffe, Flugzeuge und Kulturgüter) und auch das CISG erfasst nur den Kauf, nicht aber die Eigentumsübertragung.

Das **Trennungs- und Abstraktionsprinzip** gilt auch im IPR. Demnach richtet sich ein Anspruch auf Übereignung aus einem Vertrag nach Internationalen Schuldrecht, der dingliche Rechtserwerb ist hingegen an das Sachstatut anzuknüpfen.

Allerdings kennen die meisten Rechtsordnungen das Abstraktionsprinzip nicht, so geht z.B. in Italien das Eigentum an der gekauften Sache schon mit Abschluss des Kaufvertrages auf den Käufer über.

Wie im nationalen Recht ist das internationale Sachenrecht zwingendes Recht, d.h. es besteht kein Raum für Parteiautonomie. Eine Rechtswahl ist aufgrund des Verkehrsinteresses und Publizitätserfordernisses unzulässig. Das Gesetz ist diesbezüglich eindeutig. Eine Rechtswahl im schuldrechtlichen Vertrag hat daher auch keine Auswirkung.

2. Art. 43 EGBGB - grundsätzlich Anknüpfung an die lex rei sitae

Im internationalen Sachenrecht bestimmt das Recht des Belegenheitsorts *(lex rei sitae)* den rechtsgeschäftlichen Erwerb und den Rechtsübergang. Dies führt zu einem internationalen Entscheidungseinklang (in Verbindung mit der internationalen Zuständigkeit gem. Art. 24 Nr. 1 EuGVVO kommt es zu einem Gleichlauf zwischen internationaler Zuständigkeit und anwendbarem Recht).

Ausnahme zur Anknüpfung an die *lex rei sitae*: Nach Art. 46 EGBGB gilt das Recht des Staates zu dem eine wesentlich engere Verbindung besteht.

Beispiel: „Deutscher Reisebus" (vgl. *Hoffmann/Thorn*, § 12 Rn 12): Auf einer Busreise eines deutschen Reiseveranstalters nach Spanien veräußert Dieb D in Frankreich die Kamera seines Kollegen K an den gutgläubigen A. Wer ist Eigentümer?

Lösung: Ursprünglich war K Eigentümer.

Er könnte das Eigentum durch gutgläubigen Erwerb des A von D verloren haben gem. §§ 932, 933 BGB.

Grundsätzlich gilt die *lex rei sitae* gem. **Art. 43 EGBGB**. Da sich die Sache im Zeitpunkt des Erwerbs in Frankreich befand, würde demnach französisches Recht zur Anwendung gelangen. Das französische Recht kennt auch den gutgläubigen Erwerb abhandengekommener Sachen

Weil keine Dritten am Lageort schützenswert sind, kann gem. **Art. 46 EGBGB** aufgrund der engeren Verbindung zum Recht eines anderen Staates deutsches Recht zur Anwendung kommen.

In Deutschland ist ein gutgläubiger Erwerb von abhandengekommenen Sachen gem. § 935 BGB nicht möglich.

Ergebnis: K bleibt Eigentümer.

3. Gutgläubiger Erwerb

Für einen gutgläubigen Erwerb kommt es nach h.M. auf den Zeitpunkt der Vollendung des Erwerbsaktes an.

Ferrari-Beispiel 1: D stiehlt in Deutschland einen Ferrari, fährt mit ihm nach Rom und verkauft ihn dort an den gutgläubigen K. Als der deutsche Eigentümer E davon erfährt, verlangt er den Wagen von K heraus. Zu Recht?

Art. 1153 Abs. 1 Codice civile: „Derjenige, dem bewegliche Sachen durch jemanden veräußert werden, der nicht Eigentümer ist, erwirbt das Eigentum mittels des Besitzes, sofern er zum Zeitpunkt der Übergabe gutgläubig ist (1147) und ein für die Übertragung des Eigentums geeigneter Rechtstitel vorliegt (...)“

Lösung: Nach deutschem Recht könnte E von K den Ferrari herausverlangen, da die Übereignung abhandengekommener Sachen gem. § 935 BGB unwirksam ist.

Das italienische Recht kennt aber wie Art. 1153 Abs. 1 Codice civile zeigt, anders als das deutsche Recht, auch einen gutgläubigen Erwerb von abhandengekommen Sachen.

Dieses Ergebnis ist nicht unbillig, schließlich will das Internationale Privatrecht auch den Verkehr im jeweiligen Land schützen, um Rechtssicherheit zu schaffen.

Ergebnis: E hat daher keinen Herausgabeanspruch gegen K.

➔ Vgl. zu diesen Fragen auch *Malkus/Pierenkemper/Schulz,* Standardfälle IPR, Fall 11.

Beispiel: „Mercedes in Belgien“ (OLG Koblenz, Urt. v. 28.10.2010 – 6 U 473/10, DAR 2011, 86): K erwarb im Jahre 2008 zwei Fahrzeuge (eine C-Klasse und eine E-Klasse), überließ sie der in Belgien ansässigen Firma F, mit der er hierüber zwei Leasingverträge abgeschlossen hatte. Die Zulassung der Fahrzeuge erfolgte in Belgien. Wegen in der Folgezeit aufgelaufener Zahlungsrückstände kündigte K die Leasingverträge und verlangt von F Herausgabe der Fahrzeuge.

In der Zwischenzeit hatte die Firma F die beiden Pkw an B verkauft. Die C-Klasse wurde in Aachen mit sämtlichen Fahrzeugpapieren und Kfz-Schlüsseln übergeben. Zu den Papieren gehörte jeweils ein sog. Kennzeichennachweis ("Kentekenbewijs"), in welchem K als Halterin aufgeführt war. Die E-Klasse wurde allerdings erst einige Wochen später von B in Belgien abgeholt. Wer ist Eigentümer der Fahrzeuge?

Lösung: Ursprünglich war K Eigentümer.

Er könnte das Eigentum durch gutgläubigen Erwerb des B von F gem. §§ 932, 933 BGB verloren haben.

Die Frage, ob B Eigentum erworben hat, richtet sich gem. **Art. 43 Abs. 1 EGBGB** nach dem Recht des Staates, in dem sich die Sache **zur Zeit der Übereignung** befand *(lex rei sitae):*

- Die Mercedes C-Klasse wurde in Aachen begutachtet und übergeben → deutsches Recht ist maßgebend.
- Die Mercedes E-Klasse wurde erst einige Wochen später von B in Belgien abgeholt. Die Einigung über den Eigentums-übergang erfolgte aber bereits beim Kaufvertragsschluss in Deutschland gem. § 930 BGB mittels Besitzkonstituts (Leihe). Ein Gutglaubenserwerb gem. § 933 BGB kann zwar erst mit der späteren Übergabe an den Erwerber eintreten, zu der es erst in Belgien kam. Dieser Besitzübergang ist gem. **Art. 43 Abs. 3 EGBGB** aber wie ein inländischer zu berücksichtigen.
  → deutsches Recht ist maßgebend.

Gutgläubiger Erwerb?
Ein gutgläubiger Erwerb ist nicht möglich, wenn dem Erwerber bekannt oder infolge grober Fahrlässigkeit unbekannt ist, dass die Sache nicht dem Veräußerer gehört, **§ 932 Abs. 2 BGB**. Hier ist grobe Fahrlässigkeit gegeben, denn der Kraftfahrzeugbrief muss vorgelegt werden. Bei Auslandsfahrzeugen sind mit Blick auf mögliche **Besonderheiten ausländischer Kfz-Papiere gesteigerte Anforderungen** zu stellen, zur Not muss ein Fachmann zu Rate gezogen werden.

Der belgische „Kentekenbewijs" ist mit dem deutschen Kraftfahrzeugschein (Zulassungsbescheinigung Teil I) vergleichbar und damit nicht zum Nachweis der Verfügungsberechtigung geeignet. Einen Fahrzeugbrief gibt es in Belgien nicht, üblicherweise wird die Berechtigung aber durch Vorlage der Rechnung geführt, die dem Verkäufer über seinen Erwerb des Fahrzeugs ausgestellt wurde (= Original-Ankaufsrechnung). Aufgrund dessen, dass nicht die Verkäuferin F, sondern K im Kennzeichennachweis eingetragen war, bestand für B besonderer Anlass für eine Überprüfung der Eigentumsverhältnisse.

Guter Glaube lag also nicht vor, ein gutgläubiger Erwerb scheitert.

Ergebnis: K ist Eigentümer der Fahrzeuge.

4. Art. 43 Abs. 2 EGBGB – unbekannte Rechtsinstitute

Andere Länder, andere Sitten – daher ist es nur selbstverständlich, dass ausländische Rechtsordnungen auch Rechtsinstitute kennen, die dem deutschen Recht als *lex fori* unbekannt sind.

Diese müssen zunächst einmal richtig qualifiziert werden. Hier gilt es zu differenzieren: Haben ausländische Rechtsinstitute Wirkung gegenüber jedermann, werden sie regelmäßig sachenrechtlich qualifiziert; wirken sie hingegen *inter partes,* so sind sie regelmäßig schuldrechtlich zu qualifizieren.

Beispiel: Der anglo-amerikanische *Trust* ist ein von einem Treugeber errichtetes Sondervermögen zugunsten eines Begünstigten oder für einen bestimmten Zweck, das einem Treuhänder (sog. Trustee) zur Verwaltung unterstellt ist. Letzterer darf zwar im eigenen Namen über das ihm anvertraute Vermögen verfügen. Ihm sind jedoch durch die vom Treugeber gesetzte Zweckbestimmung Grenzen gesetzt. Trusts sind mit dinglichen Sicherungsansprüchen unterlegt und das wirtschaftliche Eigentum des Treugebers wirkt gegenüber Dritten. Den dinglichen Elementen kommt daher ein solches Gewicht zu, dass sie sachenrechtlich qualifiziert werden.

Ausländische, dem nationalen Recht unbekannte Rechtsinstitute können zwar hingenommen werden, sind aber mit Blick auf den *numerus clausus* des Sachenrechts problematisch, vgl. Art. 43 Abs. 2 EGBGB. Um nicht im Widerspruch mit dem deutschen Sachenrecht zu stehen, kann eine **Transposition** nötig sein, d.h. die unbekannten Rechtsinstitute müssen in das ihnen am nächsten kommende Rechtsinstitut des deutschen Rechts übertragen („transponiert") werden.

Beispiel (BGHZ 39, 173): Ein besitzloses Registerpfandrecht nach französischen Recht wird nach der Prägungstheorie in Deutschland zu einem Eigentumsvorbehalt transponiert.

➔ Vgl. zur italienischen Autohypothek als klassischen Fall der Transposition *Malkus/Pierenkemper/Schulz,* Standardfälle IPR, Fall 12.

5. Statutenwechsel

Bewegliche Sachen können sich auch über Landesgrenzen hinweg bewegen. Dabei kommt es zu einem Wechsel des anwendbaren Rechts, zum sog. *Statutenwechsel*. Hierbei müssen einerseits Parteiinteressen am Erhalt bereits entstandener Rechte und andererseits Verkehrsinteressen am neuen Lagerort gegeneinander abgewogen werden.

Zu unterscheiden sind offene und abgeschlossene Tatbestände:

a) abgeschlossene Tatbestände, Art. 43 Abs. 2 EGBGB

= sämtliche Voraussetzungen einer dinglichen Rechtsänderung sind unter einheitlicher Geltung ein- und derselben Rechtsordnung eingetreten.

➔ Die sachenrechtliche Prägung wird mit dem Wechsel des Lageorts mitgenommen. Dies dient dem Schutz wohlerworbener Rechte.

Ferrari-Beispiel 2 (Abwandlung zum obigen Ferrari-Beispiel): Ändert sich etwas, wenn K vorher zurück nach Deutschland fährt und dann von E erfährt, dass der Ferrari gestohlen ist?

Lösung: Der gutgläubige Erwerb abhandengekommener Sachen ist nach italienischem Recht bereits erfolgt. Insoweit liegt vor Rückkehr nach Deutschland bereits ein abgeschlossener Tatbestand vor. Daher erkennt das deutsche Recht den Eigentumserwerb nach italienischem Recht an. Ergebnis: K bleibt auch dann Eigentümer, wenn er die Grenze nach Deutschland überquert.

b) offene Tatbestände, Art. 43 Abs. 3 EGBGB

= es sind noch nicht alle Voraussetzungen eines Erwerbs erfüllt.

➔ Findet ein Statutenwechsel statt, während ein Erwerbstatbestand noch nicht vollendet wurde, gilt gem. Art. 43 Abs. 3 EGBGB das Recht des neuen Belegenheitsortes.

Die Frage, ob der sachenrechtlich relevante Vorgang vor oder nach dem Statutenwechsel abgeschlossen wurde, bedarf genauer Prüfung.

Der internationale Versendungskauf bildet dabei den wohl wichtigsten Fall eines offenen Tatbestandes:

Beispiel „Offener Opel" (BGH, Urt. v. 10.6.2009 – VIII ZR 108/07, NJW 2009, 2824): Der deutsche Opel-Händler O verkaufte ein Opel Astra Cabrio an die deutsche Zwischenhändlerin J. Dabei wurde ein Eigentumsvorbehalt bis zur vollständigen Zahlung des Kaufpreises vereinbart. Zudem war es der Käuferin für die Dauer des Eigentumsvorbehalts untersagt, über das Fahrzeug zu verfügen oder Dritten eine Nutzung einzuräumen. J verkaufte das Fahrzeug an die in Frankreich ansässige F weiter, die das Fahrzeug samt Kfz-Brief, Kfz-Schein und EG-Übereinstimmungsbescheinigung abholte. F zahlte an J den kompletten Kaufpreis und verkaufte das Fahrzeug ihrerseits an die A in Frankreich weiter. Diese vermisste allerdings ihren gewünschten, besonders breiten, sportlichen Auspuff. F gab daher das Fahrzeug zum Einbau an O. O verweigerte bis zur vollständigen Zahlung die Herausgabe unter Hinweis auf den mit J vereinbarten Eigentumsvorbehalt. Nach welchem Recht ist die Eigentümerstellung zu beurteilen?

Lösung: Ein in Deutschland abgeschlossener Erwerbstatbestand liegt nicht vor. Die Übereignung von O an J stand noch unter der aufschiebenden Bedingung der vollständigen Kaufpreiszahlung.

Der Besitz am Fahrzeug wurde F erst in Frankreich verschafft. Es liegt ein sog. **offener Tatbestand** vor. Ob und zu welchem Zeitpunkt anschließend das Eigentum am Fahrzeug auf F übergegangen ist, beurteilt sich daher gem. Art. 43 Abs. 1 und 3 EGBGB nach französischem Recht als Recht des Lageortes. Das französische Recht nimmt die Verweisung an, indem es ebenfalls an das Recht des Lageortes anknüpft.

c) Transportmittel und *res in transitu*

Werden bewegliche Sachen auf internationalen Transporten durch Zwischenländer bewegt (sog. *res in transitu*), ändert sich theoretisch mit jedem Grenzübertritt das Sachstatut. Finden während des Transits sachenrechtliche Vorgänge statt, ist dies problematisch, zumal das Sachstatut schnell wechseln kann.

Auch hier hilft **Art. 46 EGBGB**: nach h.M. wird das Recht des Bestimmungslandes als Recht der „wesentlich engeren Verbindung" angewendet. Nach a.A. wird den Parteien bei einem grenzüberschreitenden Transport auch ein Wahlrecht zugunsten des Absendeorts eingeräumt. Eine Rechtswahl im Sachenrecht ist jedoch zum Schutz dritter Personen, die z.B. Sicherungsinteressen an den Sachen haben können, abzulehnen.

? *Wiederholungs- und Vertiefungsfragen*

1. Was ist ein sog. offener Tatbestand?
2. Erläutern Sie den Begriff der Transposition!
3. Nach welchem Statut bestimmen sich nachbarrechtliche Unterlassungsansprüche?

✔ *Lösungen der Wiederholungs- und Vertiefungsfragen*

1. – 3. siehe Text.

Das internationale Familienrecht ist in den Art. 13-24 und 24 EGBGB geregelt. Aber auch das internationale Familienrecht wurde vereinheitlicht:

- zum 21.6.2012 trat die VO Nr. 1259/2010 (Rom III) in Kraft, die mit dem Recht der Ehescheidung den wohl streitträchtigsten Teil des Familienrechts regelt.
- Zum 29.1.2019 wurde mit der EuGüVO und der EuPartVO auch das Ehegüterrecht europaweit einheitlich geregelt. Art. 14 EGBGB zu den allgemeinen Ehewirkungen wurde entsprechend angepasst, Art. 15 und 16 EGBGB wurden aufgehoben. Die neuen Regelungen stärken die Möglichkeit der Rechtswahl.

Darüber hinaus bestehen zahlreiche internationale Übereinkommen, etwa das Haager Minderjährigenschutzabkommen und das Haager Kinderschutzabkommen.

1. Eheschließung

Die Voraussetzungen der Eheschließung unterliegen für jeden Verlobten gem. Art. 13 Abs. 1 EGBGB dem Recht des Staates, dem er angehört.

Tatsächlich ist die Eheschließung nicht in allen Rechtsordnungen ein höchstpersönliches Rechtsgeschäft, das nur zwischen zwei Anwesenden geschlossen werden kann. Die Eheschließung durch Stellvertreter unter Abwesenheit eines der Ehepartner („**Handschuhehe**“) ist daher einer der Klassiker des IPR.

➔ Vgl. *Malkus/Pierenkemper/Schulz,* Standardfälle IPR, Fall 1.

Insbesondere in Kriegszeiten konnte die Verlobte auf diese Weise im Falle des Todes ihres Verlobten/Ehemannes finanziell abgesichert werden und so gab es während des Zweiten Weltkrieges auch in Deutschland die Möglichkeit der Handschuhehe (sog. „Stahlhelmtrauung“). Dazu war eine vom Vorgesetzten des Soldaten beglaubigte schriftliche Erklärung notwendig. In anderem Zusammenhang haben deutsche Gerichte auch weiterhin über dieses Rechtsinstitut zu entscheiden, vgl. OLG Zweibrücken, Beschluss v. 8.12.2010 – 3 W 175/10, NJW RR-2011, 725. Das

Gericht entschied, dass der Wirksamkeit einer in Pakistan geschlossenen Handschuhehe nicht entgegensteht, dass sich die Ehegatten zum Zeitpunkt der Eheschließung nicht kannten.
Ansprüche aus einem Verlöbnis bzw. einem Verlöbnisbruch beurteilen sich nach dem Recht des Staates, dem der Verpflichtete angehört.

2. Ehewirkungen

Die Ehewirkungen sind seit dem 29.1.2019 nach der EuGüVO zu prüfen.

a) Anwendungsbereich

Die EuGüVO bestimmt das anzuwendende Recht in Fragen des **ehelichen Güterstands** (Art. 1 Abs. 1 EuGüVO). Dieser wird als die vermögensrechtlichen Regelungen definiert, die zwischen den Ehegatten und ihren Beziehungen zu Dritten aufgrund der Ehe oder der Auflösung der Ehe gelten (Art. 3 Abs. 1 a EuGüVO).

Dazu zählen die Regelungen zum Güterstand (§§ 1363 ff. BGB). Der weite Güterrechtsbegriff erfasst aber auch güterstandsunabhängige Ehewirkungen mit Vermögensrelevanz wie § 1357 BGB (Mitverpflichtung des Ehegattens bei Geschäften zur Deckung des Lebensbedarfs) und die Eigentumsvermutung nach § 1362 BGB.

Regelungen, die keinen vermögensrechtlichen Charakter haben (bspw. die Haushaltsführung nach § 1356 BGB oder die Verpflichtung zur ehelichen Lebensgemeinschaft gem. § 1353 BGB) fallen hingegen nicht in den sachlichen Anwendungsbereich der EuGüVO und sind daher nach Art. 14 EGBGB zu prüfen.

In zeitlicher Hinsicht gilt die EuGüVO nur für Ehen, die ab **dem 29.1.2019 geschlossen** wurden (Art. 69 Abs. 1 EuGüVO) sowie für Ehen, bei denen die Ehegatten für ihr Güterstatut eine Rechtswahl getroffen haben.

b) Bestimmung des anwendbaren Rechts

aa) Vorrang einer Rechtswahl, Art. 22 EuGüVO

Vorrangig richtet sich das anwendbare Recht nach der Vereinbarung der Ehegatten, Art. 22 EuGüVO.

bb) Objektive Anknüpfung gem. Art. 26 EuGüVO

Besteht keine Rechtswahl, wird das für die Ehewirkungen anwendbare Recht gem. Art. 26 EuGüVO nach folgender Anknüpfungsleiter ermittelt:

- Zunächst gilt das Recht des Staates, in dem die Ehegatten nach der Eheschließung ihren ersten **gemeinsamen gewöhnlichen Aufenthalt** haben;
- ansonsten das Recht des Staates, dessen **Staatsangehörigkeit beide Ehegatten** zum Zeitpunkt der Eheschließung besitzen;
- letztlich das Recht des Staates, mit dem die Ehegatten zum Zeitpunkt der Eheschließung gemeinsam am engsten verbunden sind.

c) Art. 14 EGBGB

Ist der Anwendungsbereich nicht eröffnet, regelt Art. 14 EGBGB die allgemeinen Ehewirkungen. Dieser knüpft, soweit die Ehegatten keine Rechtswahl getroffen haben (Art. 14 Abs. 1 EGBGB),

- zunächst an den **gewöhnlichen Aufenthalt beider Ehegatten** an (Art. 14 Abs. 2 Nr. 1 EGBGB).
- Besteht ein solcher nicht, gilt das Recht des Staates, in dem beide Ehegatten ihren **gewöhnlichen Aufenthalt während der Ehe** zuletzt hatten, wenn einer von ihnen dort noch seinen gewöhnlichen Aufenthalt hat.
- Nur wenn auch dies nicht der Fall ist, wird an das Recht des Staates angeknüpft, dem beide Ehegatten angehören (Art. 14 EGBGB a.F. vor seiner Änderung zum 29.1.2019 knüpfte hingegen primär an diese **gemeinsame Staatsangehörigkeit** an).
- Haben die Ehegatten unterschiedliche Staatsangehörigkeiten, gilt das Recht des Staates, mit dem die Ehegatten auf andere Weise gemeinsam am engsten verbunden sind.

Problem: Qualifikation der Morgengabe

Ein weiterer Klassiker des IPR ist die Frage nach der Qualifikation der **Morgengabe** (sog. *„mahr"*). Dabei handelt es sich um ein in fast allen islamischen Rechtsordnungen bekanntes Rechtsinstitut, bei dem zwischen den Eheleuten oder ihren Eltern vor der Eheschließung ein Geldbetrag ausgehandelt wird, den der Ehemann der Ehefrau zu zahlen hat. Ein Teil dieser Morgengabe wird bei Eheschließung fällig, der Rest ist zu zahlen, wenn die Ehe durch Scheidung oder Tod des Ehemannes aufgelöst wird.

Der Hauptzweck der Morgengabe besteht in der Absicherung der Ehefrau. Denn die nach deutschem Recht zumeist gegebenen güterrechtlichen Ansprüche bestehen nach islamischem Recht aufgrund einer Gütertrennung grundsätzlich nicht. Auch nachehelicher Unterhalt wird nur begrenzt geschuldet.

Insoweit war lange Zeit fraglich, wie dieses Rechtsinstitut zu qualifizieren ist, weist die Morgengabe doch sowohl Funktionen des Eheschließungsrechts (Art. 13 EGBGB), des vor- wie nachehelichen Unterhaltsrechts (Art. 18 EGBGB), des Ehegüterrechts (Art. 15 EGBGB a.F.), als auch des Scheidungs- und Erbrechts (Artt. 17, 25 f. EGBGB) auf.

Der BGH beendete mit einem Urteil aus dem Jahr 2009 (NJW 2010, 1528) den Streit um die Qualifikation der Morgengabe nach iranischem Recht und qualifizierte die Frage als eine solche allgemeiner Ehewirkungen, so dass das von Art. 14 Abs. 1 EGBGB berufene Sachrecht anzuwenden war. Begründen lässt sich dies damit, dass keine andere Kollisionsnorm die Morgengabe voll erfasst und daher Art. 14 Abs. 1 EGBGB als Auffangtatbestand Anwendung findet. Zudem kommt es so zu einem Gleichlauf mit der kollisionsrechtlichen Anknüpfung von Scheidung und nachehelichem Unterhalt.

➔ Vgl. *Malkus/Pierenkemper/Schulz,* Standardfälle IPR, Fall 2.

3. Ehescheidung

Die internationale Ehescheidung wird seit dem 21.6.2012 durch die **Rom III-VO** (= VO Nr. 1259/2010) geregelt.

a) Anwendungsbereich

Sie bestimmt das anwendbare Recht bei Ehescheidung und Trennung ohne Auflösung des Ehebandes und gilt in Deutschland und in 13 weiteren Mitgliedstaaten der EU (nicht aber im Vereinigten Königreich, Irland und Schweden).

Problemfall: *Privatscheidung* (EuGH, Urt. v. 20.12.2017, Rs. C-372/16, *Sahyouni / Mamisch*): Die Ehe zwischen Ehemann M und Ehefrau F wurde durch einseitige Erklärung des M vor einem geistlichen Gerichtshof in Syrien aufgrund der Scharia geschieden. Ist der Anwendungsbereich nach Art. 1 der Rom III-VO für Fälle der Privatscheidung eröffnet?

Privatscheidungen sind zwar nicht ausdrücklich vom Anwendungsbereich der Rom III-VO ausgenommen, doch wird aus mehreren Bestimmungen der Verordnung (insbesondere Art. 18 Abs. 1, aber auch Art. 1 Abs. 2, Art. 5 Abs. 2 und 3, Art. 8, Art. 13 und Art. 18 Abs. 2, die sich auf ein „Gericht“ und ein „Verfahren“ beziehen) deutlich, dass durch die Rom III-VO ausschließlich solche Ehescheidungen erfasst werden, die entweder von einem staatlichen Gericht oder einer öffentlichen Behörde bzw. unter deren Kontrolle ausgesprochen werden.

Folgeproblem: Dadurch klaffte vorübergehend eine Lücke im deutschen IPR, da das bisherige autonome deutsche Recht (Art. 17 EGBGB a.F.) keine ausdrückliche Kollisionsnorm bzgl. einer durch einseitige Erklärung eines Ehegatten vor einem geistlichen Gericht bewirkte Ehescheidung enthielt. Die Lücke wurde bereits durch den Gesetzgeber dahingehend geschlossen, dass auf Scheidungen, die nicht in den sachlichen Anwendungsbereich der Rom III-VO fallen, deren Kollisionsnormen mit den nötigen Anpassungen entsprechende Anwendung finden (vgl. Art. 17 Abs. 2 EGBGB in der seit dem 29.01.2019 geltenden Fassung).

b) Bestimmung des anwendbaren Rechts

aa) Vorrang einer Rechtswahl, Art. 5 Rom III-VO

Beispiel: Fußballspieler M ließ sich vor einem österreichischen Gericht von seiner Frau L scheiden, obwohl beide Deutsche sind und in München leben. Warum?

Vorrangig richtet sich das anwendbare Recht nach der Vereinbarung der Ehegatten; erst nachrangig gilt die Verordnung. Ob sich dieses Regel-Ausnahme-Verhältnis auch in der Praxis so verhält, ist zweifelhaft. Aber die durch die Rom III-VO gestärkte Parteiautonomie bzgl. des anzuwendenden Rechts eröffnet die Möglichkeit, Rechtsordnungen zu wählen, die für eine Scheidung besonders sinnvoll scheinen.

Lösung des Beispielfalls: Eine Scheidung in Österreich kann insoweit Vorteile gegenüber einer Scheidung in Deutschland haben, als die Scheidungsfristen deutlich kürzer sind.

Die Vereinbarung muss schriftlich getroffen werden und den Formvorschriften des am Ort des gewöhnlichen Aufenthalts beider oder eines der Ehegatten genügen, Art. 7 Rom III-VO – in Deutschland also der notariellen Form gem. Art. 14 Abs. 4 S. 1 EGBGB.

Dabei können sie entweder das Recht des Staates
- ihres gemeinsamen gewöhnlichen Aufenthalts,
- ihres letzten gewöhnlichen Aufenthalts, soweit im Zeitpunkt der Rechtswahl dort noch einer der Ehegatten seinen gewöhnlichen Aufenthalt hat,
- das Recht des Staates, dem einer der Ehegatten zum Zeitpunkt der Rechtswahl angehört oder
- das Recht des Staates des angerufenen Gerichts (vgl. Fallbeispiel)

wählen.

bb) Objektive Anknüpfung gem. Art. 8 Rom III-VO

Besteht keine Rechtswahl, wird das für die Ehescheidung anwendbare Recht gem. Art. 8 Rom III-VO nach folgender Anknüpfungsleiter ermittelt:

(1) Zunächst gilt das Recht des Staates, in dem die Ehegatten zum Zeitpunkt der Anrufung des Gerichts gemeinsam ihren gewöhnlichen Aufenthalt haben;
(2) ansonsten das Recht des Staates, in dem die Ehegatten zuletzt ihren gewöhnlichen Aufenthalt hatten, soweit dieser nicht mehr als ein Jahr vor Anrufung des Gerichts endete und einer der Ehegatten zum Zeitpunkt der Anrufung dort noch seinen gewöhnlichen Aufenthalt hat;
(3) ferner das Recht des Staates dem beide Ehegatten zum Zeitpunkt der Anrufung angehören;
(4) letztlich das Recht des Staates des angerufenen Gerichts.

Die Anknüpfungsleiter orientiert sich an der EheVO ("Brüssel IIa-VO").

cc) Ordre public, Art. 12 Rom III-VO

Letztlich besteht mit Art. 12 Rom III-VO auch eine **ordre-public**-Klausel. Ein klassisches Beispiel für einen Verstoß gegen den deutschen ordre-public ist die **Scheidung durch Verstoßung, sog. *talaq*.**

➔ Vgl. *Malkus/Pierenkemper/Schulz,* Standardfälle IPR, Fall 3.

Nach dem Recht zahlreicher islamischer Länder kann sich ein Mann von seiner Frau allein durch Ausspruch der Verstoßung scheiden lassen.

[Achtung! Der *talaq* gilt nicht zwangsläufig in allen islamischen Ländern. Mittlerweile finden sich auch vermehrt Reformen, die den westlichen Scheidungsverfahren angenäherte Regelungen statuieren. So existiert beispielsweise in Marokko noch der talaq, er bildet aber nur den Ausgangspunkt für ein gerichtlich kontrolliertes Scheidungsverfahren.]

Auch sollte die talaq-Scheidung nicht per se als Rechtsinstitut, das gegen den *ordre-public* verstößt, angesehen werden (vgl. OLG Hamm, Beschluss vom 27.1.2010, FamRZ 2010, 1563): eine pauschale Annahme eines Verstoßes einer im Ausland ausgesprochenen talaq-Scheidung gegen den deutschen *ordre public* sei unzulässig, vielmehr bedürfe es der Berücksichtigung aller konkreten Umstände des Einzelfalls:

- Stimmt die Ehefrau im konkreten Fall der *talaq*-Scheidung zu und erklärt dies auch im Scheidungsverfahren vor dem deutschen Gericht, verletzt die Scheidung nicht den Gleichheitsgrundsatz.

- Ist die Ehefrau mit der Scheidung nicht einverstanden, ist zunächst zu prüfen, ob weitere deutsche Scheidungsvoraussetzungen, insbesondere Trennungsjahr und Zerrüttung der Ehe, vorliegen. Wären demnach auch nach deutschem Recht die Voraussetzungen einer nicht-einverständlichen Scheidung zum Zeitpunkt der Verstoßung erfüllt, so kann ein Verstoß gegen den ordre public nur aufgrund des Fehlens eines gerichtlichen Verfahrens nicht angenommen werden.

Im Ergebnis: Eine Verletzung des materiellen *ordre public* ist dann anzunehmen, wenn die Verstoßung ohne Einwilligung der Ehefrau in die Scheidung erfolgt und die Voraussetzungen für eine Scheidung nach deutschem Recht nicht vorliegen. Denn eine solche einseitige, nur dem Ehemann zustehende Scheidungsmöglichkeit verstößt gegen die Menschenwürde und den Grundsatz der Gleichberechtigung von Mann und Frau. Deutsche Gerichte müssen ein solches Scheidungsbegehren zurückweisen und deutsches materielles Recht anwenden.

4. Nichteheliche Lebensgemeinschaften

Die nichteheliche Lebensgemeinschaft ist nach der Rechtsprechung des BGH nicht familienrechtlich, sondern schuldrechtlich zu qualifizieren. Diese Qualifikation ist sinnvoll, da die Partner der nichtehelichen Lebensgemeinschaft eine Ehe gerade nicht wollen.

Beispiel: Italiener M und Italienerin F leben in einer nichtehelichen Lebensgemeinschaft in Deutschland. Welches Recht ist anzuwenden?

Lösung: Fraglich ist wie die nichteheliche Lebensgemeinschaft (NELG) zu qualifizieren ist:

- e.A. will **§ 17b EGBGB analog** anwenden. Für eine Analogie ist jedoch kein Raum, da keine Vergleichbarkeit zwischen der eingetragenen Lebensgemeinschaft und der nichtehelichen Lebensgemeinschaft besteht.

- Bei **familienrechtlicher Qualifikation** und Anknüpfung gem. **Art. 14 Abs. 1 Nr. 1 EGBGB** richtet sich die nichteheliche Gemeinschaft nach dem Recht des Staates, dem beide Ehegatten angehören, mithin nach italienischem Recht. Als Argument wird herangezogen, dass die nichteheliche Lebensgemeinschaft zumeist die Vorstufe zur Ehe sei. Auch diese Qualifikation ist nicht sinnvoll, da die Partner einer NELG eine Ehe vermeiden wollen.

- Bei **schuldrechtlicher Qualifikation** richtet sich die Wirkung mangels Rechtswahl gem. Art. 4 Abs. 4 Rom I-VO nach dem Recht des Staates, zu dem er die engste Verbindung aufweist, im vorliegenden Fall aufgrund des gemeinsamen Lebensmittelpunktes in Deutschland nach deutschem Recht.

Eine schuldrechtliche Qualifikation ist auch nicht dadurch ausgeschlossen, dass Art. 1 Abs. 2 Rom I-VO explizit Schuldverhältnisse aus einem Familienverhältnis oder aus Verhältnissen, die nach dem auf diese Verhältnisse anzuwendenden Recht vergleichbare Wirkungen entfalten, vom Anwendungsbereich der Rom I-VO ausschließt. Zwar definiert die VO nicht im Einzelnen welche Familienverhältnisse gemeint sind. Erwägungsgrund Nr. 8 nennt aber Verwandtschaft, Ehe, Schwägerschaft jedoch nicht die NELG.

Bei der Auslegung der zweiten Alternative ("Verhältnisse, die vergleichbare Wirkungen entfalten") soll das Recht des Mitgliedstaates, in dem sich das angerufene Gericht befindet, maßgeblich sein. Die deutsche Rechtsprechung unterscheidet (wie bereits ausgeführt) jedoch strikt zwischen Familienverhältnissen und NELG.

5. Gleichgeschlechtliche Partnerschaften

Beispiel: Scheidung einer gleichgeschlechtlichen Ehe in Deutschland? (vgl. Mankowski, IPrax 2011, 247, 248 mwN):
Die Deutschen Ernie und Bernd leben in einer langjährigen homosexuellen Beziehung. In den Niederlanden schließen sie die Ehe. Nachdem Ernie den Bernd auf dem Christopher-Street Day betrügt, lassen sich beide vor dem AG Köln scheiden. Ist die Scheidung wirksam?

Lösung: Eine echte Scheidung einer gleichgeschlechtlichen Ehe ist in Deutschland nicht möglich. Nach der Rechtsprechung des BVerfG setzt das Institut der Ehe verschiedene Geschlechter voraus. Eine gleichgeschlechtliche Partnerschaft wird in Deutschland durch das Lebenspartnerschaftsgesetz ermöglicht. Der Ehebegriff des deutschen internationalen Eherechts erfasst damit nur verschiedengeschlechtliche Ehen.

In anderen Staaten der EU (Niederlande, Belgien, Spanien, Portugal und Schweden), Europas (Norwegen, Island), in Kanada, Südafrika, Argentinien und in einzelnen Staaten der USA wird eine gleichgeschlechtliche Ehe hingegen anerkannt. Daher muss die Scheidung einer solchen durch Aufhebung einer eingetragenen Partnerschaft gem. Art. 17b EGBGB durchgeführt werden. Das hinkende Element ist insoweit hinzunehmen.

6. Ehegüterrecht und Erbrecht

Zur bisher strittigen Frage der Qualifikation des pauschalierten Zugewinnausgleichs gem. § 1371 BGB als güterrechtliche oder erbrechtliche Regelung siehe oben unter A.IV. (Qualifikation). Der EuGH hat mit Urt. v. 1.3.2018, Rs. C-558/16, *Mahnkopf* nunmehr entschieden, dass § 1371 BGB in den Anwendungsbereich der EuErbVO fällt.

7. Kindschaftsrecht

Im Kindschaftsrecht finden sich zahlreiche Internationale Abkommen. Das „Haager Kindesentführungsübereinkommen“ (HKÜ) schützt vor *„legal kidnapping“*, das durch folgenden Fall verdeutlicht werden soll:

Beispiel: Entführt? (nach OLG Stuttgart, Beschl. v. 22.6.2011 – 17 UF 150/11): Der Australier M und die Deutsche F leben seit ihrer Heirat im Jahr 2005 gemeinsam in Australien. 2007 wird ihr Sohn S geboren. Als die Ehe kriselt, fliegt F im Februar 2011 mit S nach Deutschland. M hatte nichts dagegen, dass diese für ein paar Monate dort blieben. F änderte ihre Pläne und wollte fortan dauerhaft mit S in Deutschland leben. Der nun-mehr vierjährige S wird in einem Kindergarten angemeldet, lernt Freunde kennen und spricht aktiv deutsch. Die in Deutschland lebenden Groß-eltern werden zu seinen Bezugspersonen. Im Mai 2011 fordert M die F auf, den S zurück nach Australien zu bringen. Als diese sich weigert, verlangt M im August 2011 vor Gericht, dass S zurück nach Australien gebracht wird. Zu Recht?

Art. 12 HKÜ: (1) Ist ein Kind im Sinn des Artikels 3 widerrechtlich verbracht oder zurückgehalten worden und ist bei Eingang des Antrags bei dem Gericht oder der Verwaltungsbehörde des Vertragsstaats, in dem sich das Kind befindet, eine Frist von weniger als einem Jahr seit dem Verbringen oder Zurückhalten verstrichen, so ordnet das zuständige Gericht oder die zuständige Verwaltungsbehörde die sofortige Rückgabe des Kindes an.

Lösung: Das HKÜ müsste anwendbar sein.

Dies ist der Fall, wenn S auch im August 2011 seinen **gewöhnlichen Aufenthalt** noch in Australien hatte.

Der Begriff des gewöhnlichen Aufenthalts ist im HKÜ nicht definiert. Auch das deutsche IPR enthält keine gesetzliche Umschreibung dieses Begriffs. Die Rechtsprechung versteht unter gewöhnlichem Aufenthalt den tatsächlichen Mittelpunkt der Lebensführung des Betroffenen, also den Ort, an dem er seinen Daseinsmittelpunkt hat.

Bei Kindern kann grundsätzlich ein gewöhnlicher Aufenthalt meist nach einer Aufenthaltsdauer von sechs Monaten angenommen werden (BGHZ 78, 293). Dem können aber andere Gesichtspunkte, wie familiäre Bindungen, Ort der Schul- und Berufsausbildung, Sprachkenntnisse entgegenstehen.

Für den vierjährigen S sind der Umfang und die Intensität der Beziehungen zu Familienangehörigen von besonderem Gewicht. Unbestritten war und ist die Mutter die Hauptbezugsperson des Kindes; von Februar 2011 bis Anfang August 2011 hat S auch ein enges Verhältnis zu seinen deutschen Großeltern und Verwandten entwickelt. Soziale Beziehungen hat er zwischenzeitlich insbesondere im Kindergarten zu anderen Kindern und seinen Erzieherinnen geknüpft.

Andererseits ist S in Australien geboren und hat dort über zwei Jahre mit seinen Eltern gelebt. Wenngleich die Mutter die Hauptbezugsperson des Kindes ist, so weist S auch eine starke Bindung zu seinem australischen Vater auf.

Die Sprachkenntnisse von S, der - letztlich zwangsläufig - derzeit aktiv nur die deutsche Sprache beherrscht, sind im vorliegenden Fall kein ausschlaggebendes Argument für einen gewöhnlichen Aufenthalt in Deutschland. Sprachkenntnisse haben zwar einen erheblichen Einfluss auf die Fähigkeit, Beziehungen zur Umwelt zu entwickeln. Zu berücksichtigen ist indes, dass das Kind über einen passiven Grundwortschatz in Englisch verfügt und seine Sprachentwicklung noch durchlebt. Damit stand für das Gericht in der Ausgangsentscheidung fest, dass sich der Daseinsschwerpunkt und damit derjenige Ort, der Ausdruck einer gewissen sozialen und familiären Integration des Kindes ist, sich im August 2011 noch nicht nach Deutschland verlagert hat.
Folge: die HKÜ ist anwendbar.

Die Voraussetzungen des **Art. 12 HKÜ** liegen vor:

- F ist im Einverständnis des M mit ihrem Sohn S nach Deutschland gereist, so dass ein widerrechtliches Verbringen ausscheidet. M hat aber im Mai 2011 unmissverständlich verdeutlicht, er sei mit einem Aufenthalt von S in Deutschland nicht länger einverstanden und verlange die Rückkehr des Kindes. Indem F diesem Verlangen nicht nachgekommen ist, hat sie S seitdem widerrechtlich im Sinne des Art. 3 HKÜ zurückgehalten.

- Die Jahresfrist des Art. 12 HKÜ ist gewahrt.

- Versagungsgründe des Art. 13 HKÜ, wie eine nachträgliche Genehmigung oder schwerwiegende Gefahren eines körperlichen oder seelischen Schadens für das Kind sind nicht ersichtlich.

Ergebnis: M kann verlangen, dass sein Sohn S zurück zu ihm nach Australien gebracht wird.

? *Wiederholungs- und Vertiefungsfragen*

1. Erläutern Sie die Begriffe *mahr* und *Handschuhehe!*

2. Wie ist die nichteheliche Lebensgemeinschaft zu qualifizieren?

3. Was versteht man unter der sog. "Malta-Klausel"? Ist sie heute noch relevant?

✔ *Lösungen der Wiederholungs- und Vertiefungsfragen*

1. – 2. siehe Text.

3. Art. 10 Rom III-VO wird als sog. „Malta-Klausel“ bezeichnet, da Malta erst seit Juli 2011 ein Scheidungsrecht eingeführt hat und es zuvor nicht kannte.

   Sollte nach Art. 5 oder 8 Rom III-VO ein Recht zur Anwendung kommen, das eine Ehescheidung nicht vorsieht, findet das Recht des Staates des angerufenen Gerichts Anwendung. Heute ist der Anwendungsbereich der ersten Alternative der Klausel sehr beschränkt, da nur noch die Philippinen und der Vatikan ein Scheidungsverbot kennen.

   Der zweiten Alternative des Art. 10 Rom III-VO kommt aber Bedeutung zu. Sie bestimmt, dass das Recht des Staates des angerufenen Gerichts anzuwenden ist, wenn das nach Art. 5 oder Art. 8 anzuwendende Recht einem Ehegatten aufgrund seiner Geschlechtszugehörigkeit keinen gleichberechtigten Zugang zur Ehescheidung gewährt. Das gilt etwa für Rechtsordnungen, die zwar den Ehebruch der Frau als Scheidungsgrund anerkennen, nicht aber den des Mannes.

VII. Erbrecht (EuErbVO)

Am 16.8.2012 ist die Verordnung Nr. 650/2012 („EuErbVO“) in Kraft getreten. Sie gilt in allen EU-Staaten mit Ausnahme von Großbritannien, Irland und Dänemark und regelt die Zuständigkeit, das anzuwendende Recht, die Anerkennung und Vollstreckung von Entscheidungen und die Annahme und Vollstreckung öffentlicher Urkunden in Erbsachen. Zudem führt sie ein Europäisches Nachlasszeugnis ein. Die EuErbVO ist ab dem 17.8.2015 anwendbar. Sie sollte daher schon heute bei der Testamentsgestaltung Berücksichtigung finden.

Das Prüfungsschema ähnelt dem der anderen Verordnungen:

A. Bestimmung des anwendbaren Rechts

Art. 3 Nr. 1 EGBGB als Einstiegsnorm: Gem. Art. 3 Abs. 1 lit. a) und b) EGBGB ist auch die EuErbVO als Verordnung unmittelbar anwendbar und vorrangig gegenüber dem nationalen Kollisionsrecht des EGBGB anzuwenden, soweit ihr Anwendungsbereich eröffnet ist.

Vorrangige Staatsverträge: Staatsverträge, die Zuständigkeitsregelungen für Erbsachen enthalten haben Vorrang ggü. der EuErbVO. Dazu zählen das deutsch-türkische Nachlassabkommen, der deutsch-sowjetische Konsularvertrag und das deutsch-persische Niederlassungsabkommen.

I. Anwendungsbereich

1. Sachlich, Art. 1 EuErbVO:

a) **Rechtsnachfolge von Todes wegen, Art. 1 Abs. 1 EuErbVO**

Definition in Art. 3 Abs. 1 lit. a) EuErbVO (umfasst gewillkürte und gesetzliche Erbfolge)

b) Die EuErbVO gilt nicht für die in **Art. 1 Abs. 2 EuErbVO** genannten Ausnahmen

2. räumlich:

Die EuErbVO gilt in allen EU-Staaten mit Ausnahme von Dänemark, dem Vereinigten Königreich und Irland

3. zeitlich, Art. 83 Abs. 1 EuErbVO:

Die EuErbVO gilt für Erbfälle nach dem 17.8.2015. Das gilt auch für Verfügungen von Todes wegen, die vor dem 17.8.2015 errichtet wurden.

II. Ermittlung des Erbstatuts

1. Art. 22 EuErbVO – Rechtswahl / subjektive Anknüpfung
- wählbare Rechtsordnung, Art. 22 Abs. 1 EuErbVO:
Staatsangehörigkeit im Zeitpunkt der Rechtswahl oder im Zeitpunkt des Todes
- Form: ausdrücklich durch Verfügung von Todes wegen, Art. 22 Abs. 2 EuErbVO

wenn Rechtswahl (-) →

2. Art. 21 EuErbVO – objektive Anknüpfung

= gewöhnlicher Aufenthalt des Erblassers im Zeitpunkt seines Todes, Art. 21 Abs. 1 EuErbVO

- Ausnahme: offensichtlich engere Verbindung zu einem anderen Staat, Art. 21 Abs. 2 EuErbVO

B. Rechtsfolge: Anwendung des maßgeblichen Rechts

Beachte: Verweist die EuErbVO auf das Recht eines Drittstaats, sind ggf. bestehende Rück- und Weiterverweisungen nach dem internationalen Privatrecht des Drittstaats zu beachten, vgl. Art. 34 EuErbVO.

C. (falls erforderlich) **Ergebniskorrektur über ordre public, Art. 35 EuErbVO**

Zur Ermittlung des Erbstatuts:

1. **Eingeschränkte Rechtswahl gem. Art. 22 EuErbVO**

Der Erblasser hat die Möglichkeit in seiner Verfügung von Todes wegen (Testament, gemeinschaftliches Testament, Erbvertrag) das Recht des Staates zu wählen, dem er im Zeitpunkt der Rechtswahl oder im Zeitpunkt seines Todes angehört (**Staatsangehörigkeit**). Anderenfalls gilt die objektive Anknüpfung gem. Art. 21 EuErbVO.

2. Objektive Anknüpfung gem. Art. 21 EuErbVO

Gem. Art. 21 EuErbVO unterliegt die Rechtsnachfolge von Todes wegen dem Recht des Staates, in dem der Erblasser im Zeitpunkt seines Todes seinen **gewöhnlichen Aufenthalt** hatte.

Damit weicht die EuErbVO je nach Fallkonstellation elementar von der bisherigen Regelung des Art. 25 EGBGB a.F. ab, der auf das Recht des Staates verwiesen hat, dem der Erblasser im Zeitpunkt seines Todes angehörte.

Für die anwaltliche bzw. notarielle Beratungspraxis wurden durch diesen „Systemwandel" zahlreiche Fälle geschaffen. Man denke an zahlreiche deutsche Rentner, die ihren Lebensabend an den Küsten Spaniens, Italiens oder Griechenlands verbringen und deren Rechtsnachfolge von Todes wegen sich – sollten sie keine Rechtswahl treffen – nach dem Recht ihres gewöhnlichen Aufenthalts richten wird (sofern im Einzelfall nicht doch die Ausnahmeklausel des Art. 21 Abs. 2 EuErbVO erfüllt ist).

Der Definition des gewöhnlichen Aufenthalts kommt damit große Bedeutung zu. Dennoch enthält die EuErbVO keine Legaldefinition des Begriffs des gewöhnlichen Aufenthaltes.

Bei der Bestimmung sind die Lebensumstände des Erblassers im Zeitpunkt des Todes und in den Jahren vor seinem Tod zu betrachten: Eine natürliche Person hat ihren gewöhnlichen Aufenthalt in dem Staat, in dem der Schwerpunkt ihrer Lebensverhältnisse, ihr Daseinsmittelpunkt, liegt. Ein schlichter Aufenthalt wird zu einem gewöhnlichen Aufenthalt durch die tatsächliche Dauer oder durch die voraussichtliche Dauer. In der Regel wird ein gewöhnlicher Aufenthalt nach sechsmonatiger Anwesenheit vermutet, was aber auch widerlegt werden kann.

Art. 21 Abs. 2 EuErbVO statuiert eine Ausnahme für Fälle in denen eine **offensichtlich engere Verbindung** zum Recht eines anderen Staates besteht. Dies dient der Einzelfallgerechtigkeit. Als Ausnahmeregelung ist Art. 21 Abs. 2 EuErbVO aber restriktiv anzuwenden wie Erwägungsgrund 25 der EuErbVO zeigt.

Beispiel für Art. 21 Abs. 2 EuErbVO: der Erblasser ist erst kurz vor seinem Tod in den Staat seines gewöhnlichen Aufenthalts gezogen, ohne dass er die dortige Sprache spricht oder dort soziale Kontakte unterhält.

➔ Vgl. *Malkus/Pierenkemper/Schulz,* Standardfälle IPR, Fall 5.

3. Reichweite der EuErbVO, Art. 23 EuErbVO

Das Erbstatut erstreckt sich auf sämtliche Aspekte der Rechtsnachfolge von Todes wegen. Dazu zählen u.a. die Fragen:

- Wer wird zu welchen Teilen zum Erben berufen?
- Ist die Person erbfähig?
- Kann die Person enterbt werden?
- Auf welche Art und Weise geht der Nachlass auf den Erben über?
- Wie können die Erben die Erbschaft annehmen oder ausschlagen?
- Wie haften die Erben für Nachlassverbindlichkeiten?

4. Form der Verfügung von Todes wegen

Für Testamente gilt vorrangig das **Haager Übereinkommen** vom 5.10.1961 über das auf die Form letztwilliger Verfügungen anzuwendende Recht, vgl. Art. 75 Abs. 1 EuErbVO. Für die Mitgliedstaaten, die das Abkommen nicht ratifiziert haben und für Erbverträge gilt Art. 27 EuErbVO, der eine weitgehend entsprechende Regelung enthält.

Art. 27 EuErbVO regelt die Form von Verfügungen von Todes wegen. Die Verfügung muss schriftlich verfasst worden sein und dem Recht des Staates entsprechen,

- in dem die Verfügung errichtet bzw. der Erbvertrag geschlossen wurde oder
- dem der Erblasser im Zeitpunkt der Errichtung oder seines Todes angehörte,
- in dem der Erblasser im Zeitpunkt der Errichtung oder seines Todes seinen Wohnsitz hatte,
- in dem sich unbewegliches Vermögen befindet, das vererbt wird.

Durch diese zahlreichen alternativen Anknüpfungsmöglichkeiten soll eine möglichst weitreichende Formwirksamkeit garantiert werden, sog. *favor testamenti.*

5. Ordre public, Art. 35 EuErbVO

Nachdem das anzuwendende Recht nach der EuErbVO bestimmt und angewendet wurde, ist zu prüfen, ob dieses Ergebnis mit der öffentlichen Ordnung (*ordre public*) des Staates des angerufenen Gerichts offensichtlich unvereinbar ist, Art. 35 EuErbVO.

Insbesondere ausländische Erbverbote, z.B. wegen Religionsverschiedenheit oder die erbrechtliche Schlechterstellung von Frauen können gegen den deutschen *ordre public* verstoßen.

Beispiel: „Enterbt?“: Der nunmehr in Kairo lebende ägyptische Staatsangehörige schiitischen Glaubens M verstirbt. Er lebte jahrelang in Deutschland und besaß ein in Deutschland gelegenes Haus. Ein Testament hat M nicht verfasst. Nach seinem Tod streiten sich seine zum christlichen Glauben konvertierte Tochter T und sein Sohn S (islamischen Glaubens) vor einem deutschen Gericht um das väterliche Haus. Weitere Verwandte gibt es nicht. T verlangt die Hälfte, S erwidert, dass ihr dies nicht zustehe, da sie den Vater mit ihrem Glaubenswechsel zu schwer gekränkt habe und er deshalb auch keine Veranlassung sah, ein Testament zu verfassen. Dies entspricht den tatsächlichen Umständen. Wer wird zu welchen Teilen Erbe?

Lösung: Die Erbfolge richtet sich mangels Rechtswahl i.S.d. Art. 22 EuErbVO gem. **Art. 21 Abs. 1 EuErbVO** nach dem Recht des Staates, in dem der Erblasser im Zeitpunkt seines Todes seinen gewöhnlichen Aufenthalt hatte. Mithin nach ägyptischem Recht. Danach kann die nicht islamische Tochter nicht erben. Der volle Erbteil fällt an den Sohn.

Das ausländische Erbverbot könnte gegen den **deutschen *ordre public* (Art. 6 EGBGB)** verstoßen:

- Erbt ein Verwandter gleichen Grades als Muslim, nicht aber als Nicht-Muslim, verstößt dies gegen Art. 3 Abs. 3 S. 1 GG. Damit liegt grundsätzlich ein Verstoß gegen den *ordre public* vor.

- Auch ein genügender Inlandsbezug ist gegeben, da das Vermögen in Deutschland belegen ist und aus einer Zeit stammt, als der Erblasser seinen gewöhnlichen Aufenthalt und seinen Lebensmittelpunkt in Deutschland hatte.

- Letztlich wirkt sich der Verstoß gegen den *ordre public* auch aus, denn nach deutschem Recht wäre T Erbin des hälftigen Vermögens geworden.

Aber: Entspricht die durch das Erbverbot bewirkte Erbfolge dem konkreten **Willen des Erblassers** und sah er im Vertrauen auf diese Rechtslage von einer letztwilligen Verfügung ab, so liegt kein Verstoß gegen den *ordre public* vor. Dies ist hier der Fall. Der Erblasser hat eine abweichende Testierung bewusst unterlassen.

Ergebnis: Tochter T ist damit wirksam enterbt. Sohn S ist daher voller Erbe.

? *Wiederholungs- und Vertiefungsfragen*

1. In welchen Ländern gilt die EuErbVO?

2. Welche Regelungsgegenstände sind von ihrem sachlichen Anwendungsbereich ausgenommen?

3. Welche Erbfälle werden in zeitlicher Hinsicht von der EuErbVO erfasst?

4. Gibt es eine Möglichkeit, die Anknüpfung des Art. 21 EuErbVO zu umgehen?

5. Verweist die EuErbVO auf das Kollisionsrecht eines Staates oder auf die Sachnormen?

✔ *Lösungen der Wiederholungs- und Vertiefungsfragen*

1. Die EuErbVO gilt in allen EU-Staaten mit Ausnahme von Dänemark, dem Vereinigten Königreich und Irland (im Unterschied zu den Rom I- und II-Verordnungen!)

2. Ehegüterrecht, Schenkungen und Abläufe innerhalb eines Trusts (nicht jedoch dessen Errichtung)

3. Siehe Art. 83 Abs. 1 EuErbVO: für Erbfälle, somit Todesfälle, nach dem 17.8.2015.

4. Ja! Nach Art. 22 EuErbVO besteht die Möglichkeit der Rechtswahl.

5. Es handelt sich um eine Sachnormverweisung. Es kommen somit die materiellen Normen zur unmittelbaren Anwendung.

1. Umfang der Anknüpfung im internationalen Gesellschaftsrecht – die sog. Einheitslehre

Nach der überwiegend vertretenen Einheitslehre werden alle gesellschaftsrechtlichen Innen- und Außenbeziehungen grundsätzlich einheitlich nach einem Recht beurteilt. Dies bezeichnet man als Einheitslehre, das nach ihr anzuwendende Recht als Personalstatut der Gesellschaft, Gesellschaftsstatut oder lex societatis.

Das Gesellschaftsstatut regelt nach der Einheitslehre einheitlich alle gesellschaftsrechtlichen Beziehungen vom Beginn (Gründung) bis zum Ende (Auflösung und Abwicklung) der Organisation, mit anderen Worten, wie die Gesellschaft „entsteht, lebt und vergeht".

Das Gesellschaftsstatut umfasst unter anderem:

- Rechtsnatur, Rechts- und Handlungsfähigkeit
- Gründung, Umwandlung und Auflösung
- Name bzw. Firma
- Organisations- und Finanzverfassung
- Vertretungsmacht der Organe
- Erwerb und Verlust sowie Inhalt der Gesellschafterstellung
- Haftung der Gesellschaft, Organe und Gesellschafter für Verbindlichkeiten der Gesellschaft (Außenhaftung)
- Haftung wegen Verletzung gesellschaftsrechtlicher Pflichten (Innenhaftung)
- Rechnungslegung

Für die Einheitslehre wird geltend gemacht, sie diene der Rechtssicherheit und Rechtsklarheit und folge aus dem Funktionszusammenhang zwischen Innen- und Außenrecht der Gesellschaft. Ein unpraktikabler „Normenmix" werde vermieden (vgl. hierzu und zur Kritik an dieser Lehre *Schulz/Wasmeier,* RIW 2010, 657).

Die Einheitlichkeit der Anknüpfung ist letztlich aber nur der **Grundsatz**. Zur Vermeidung unbilliger Ergebnisse lassen auch die Vertreter der Einheitslehre Ausnahmen zu. Teilweise wird das gefundene Ergebnis über den ordre public korrigiert, häufig wird auch für einzelne Teilbereiche eine Sonderanknüpfung vorgeschlagen.

2. Sitz- und Gründungstheorie

Der **Anknüpfungspunkt** für einen Gesamtverweis zur maßgeblichen Rechtsordnung ist bei Gesellschaften umstritten. Auf der Grundlage eines einheitlichen Gesellschaftsstatuts stehen sich im Wesentlichen zwei Theorien gegenüber:

a) Sitztheorie

Nach der **Sitztheorie** ist das Recht desjenigen Staates maßgeblich, in dem die Gesellschaft den tatsächlichen Sitz der Hauptverwaltung hat (materieller Ansatz). Dies soll der Ort sein, an dem die grundlegenden Entscheidungen der Unternehmensleitung in laufende Geschäftsführungsakte umgesetzt werden (sog. Sandrock'sche Formel). Die Sitztheorie gilt (noch) u.a. in Deutschland, Österreich, Luxemburg, Frankreich, Portugal, Ungarn, Polen und Rumänien.

Vorteile: Die Sitztheorie beruht auf der Vermutung, dass der Schwerpunkt der Aktivitäten der Gesellschaft im Staat ihres tatsächlichen Sitzes liegt, wo die meisten durch die Geschäftstätigkeit der Gesellschaft betroffenen Interessengruppen (Gläubiger, Arbeitnehmer und Minderheitsgesellschafter) angesiedelt sind. Damit bestehe zu diesem Staat materiell die **engste Verbindung**. Der betroffene Staat erhält nach der Sitztheorie damit zugleich eine Art „**Wächteramt**" zur Durchsetzung seiner legitimen Kontrollinteressen.

Nachteile: Das Auffinden des tatsächlichen Verwaltungssitzes kann Schwierigkeiten bereiten, insb. wenn die **Gesellschaft in mehreren Staaten** vertreten ist. Da an den tatsächlichen Sitz angeknüpft wird, führt dessen Verlegung auch automatisch zu einem **Statutenwechsel**, was in Zeiten globalisierten Wirtschaftens als unzeitgemäß empfunden wird (vgl. zu den Rechtsfolgen unten den Kasten „Sitzverlegung und Statutenwechsel").

b) Gründungstheorie

Nach der Gründungstheorie (auch Inkorporationstheorie oder Registrierungstheorie) ist dasjenige Recht maßgeblich, nach dem die Gesellschaft **gegründet** wurde bzw. nach dem sie konstitutiv **in ein Register eingetragen** ist (formeller Ansatz). Sie gilt u.a. im anglo-amerikanischen Raum, in Dänemark, den Niederlanden, Liechtenstein und der Schweiz.

Vorteile: Der Ort der Gründung bzw. Registrierung ist meist leicht und rechtssicher festzustellen. Durch das Abstellen auf den Ort der Gründung (sog. Satzungssitz) bzw. Registrierung (sog. Registersitz) ändert sich das anwendbare Recht nicht bei einer Verlegung des tatsächlichen Sitzes der Hauptverwaltung. Es tritt kein Statutenwechsel ein. Für die Gesellschaften bedeutet dies ein höheres Maß an Mobilität ebenso wie Rechtswahlfreiheit bezüglich des Satzungssitzes für die Gesellschafter.

Nachteile: Die Gefahren des **Rechtsmissbrauchs** sind höher als bei der Sitztheorie. Durch den Einsatz sog. Briefkastengesellschaften (Gründung in einem, Geschäftstätigkeit ausschließlich in einem anderen Staat) lässt sich das Recht des Sitzstaates umgehen. Dadurch sind dessen legitime Kontrollinteressen zugunsten inländischer Interessengruppen (Gläubiger, Arbeitnehmer und Minderheitsgesellschafter) schwer bzw. gar nicht durchsetzbar. Auch wird befürchtet, dass durch einen **Wettbewerb der Gesellschaftsrechte** sich am Ende dasjenige Recht durchsetzen werde, dass Dritten (Gläubigern, Arbeitnehmern, Minderheitsgesellschaftern) den geringsten Schutz bietet (sog. *race to the bottom*). Von den Befürwortern der Gründungstheorie wird dagegen die innovationsfördernde Wirkung eines solchen Wettbewerbs betont (sog. *race to the top*). Innerhalb der EU wahrt die Gründungstheorie zudem die Vorgaben der Niederlassungsfreiheit (was bei der Sitztheorie nicht der Fall ist).

3. Sitzverlegung und Statutenwechsel

Aufgrund der unterschiedlichen Anknüpfungsmerkmale (tatsächlicher Sitz vs. formelle Registrierung) unterscheiden sich Sitz- und Gründungstheorie auch in der Beurteilung grenzüberschreitender Sitzverlegungen:

a) Sitztheorie

Da unter der Sitztheorie der tatsächliche (Verwaltungs-)Sitz die anknüpfungsrelevante Tatsache ist, führt eine Sitzverlegung aus dem Gründungsstaat in einen anderen Staat stets zu einer Änderung des auf die Gesellschaft anzuwendenden Rechts (sog. Statutenwechsel). Die juristische Person besteht in diesen Fällen nur dann fort, wenn dies kumulativ (!) sowohl dem Recht des bisherigen Sitzstaates als auch dem des neuen Sitzstaates entspricht.

Folgt die *lex fori* der Sitztheorie, sind daher sowohl das IPR des bisherigen wie auch des neuen Sitzstaates zu prüfen (Gesamtverweisung, Art. 4 Abs. 1 S.1 EGBGB). Daraus folgt:

- Verlegt eine in einem Gründungstheoriestaat gegründete Gesellschaft ihren tatsächlichen Sitz ins Inland, ist deutsches Recht (als Sitzrecht) anwendbar.

- Verlegt eine im Inland (Sitztheoriestaat) gegründete Gesellschaft ihren tatsächlichen Sitz in einen Gründungstheoriestaat, verweist die deutsche lex fori auf das Kollisionsrecht des Gründungstheoriestaates. Solange die Gesellschaft in Deutschland noch registriert ist bzw. ausreichende andere Anknüpfungspunkte im Sinne des IPR des Zuwanderungsstaates bestehen, ist deutsches Recht (als Gründungsrecht infolge *renvoi*) anwendbar.

- Verlegt eine im Inland (Sitztheoriestaat) gegründete Gesellschaft ihren tatsächlichen Sitz in einen anderen Sitztheoriestaat, ist das Recht dieses Staates (als Sitzrecht) anwendbar.

Satzungs- bzw. Registrierungssitz sind unter der Sitztheorie demgegenüber keine anknüpfungsrelevanten Tatsachen. Eine Verlegung führt daher nicht zu einem Statutenwechsel.

b) Gründungstheorie

Demgegenüber ist für die Gründungstheorie die Verlegung des tatsächlichen Verwaltungssitzes grundsätzlich ohne Auswirkung auf das anzuwendende Recht; die Verlegung des Satzungs- bzw. Registersitzes dagegen führt auch nach der Gründungstheorie zu einem Statutenwechsel.

4. Rechtsfolgen der Sitztheorie

Nach der früher ganz herrschenden **strengen Sitztheorie** war eine infolge Statutenwechsels unter „falschem Recht“ gegründete Gesellschaft insgesamt unwirksam und galt als rechtlich nicht existent. Sie war damit weder rechts- noch parteifähig. Diese einschneidende Folge wurde als Sanktion für die mit der Auslandsgründung vermutete Umgehung des inländischen Sitzrechts verstanden. Unbeachtlich war nach dieser Variante der Sitztheorie, ob dem Kollisionsrecht des Wegzugsstaates die Sitztheorie oder die Gründungstheorie zugrunde lag und ob der Wegzugsstaat den Wegzug gestattete. Nachteil der strengen Sitztheorie: dem eigentlich zu schützenden inländischen Gläubiger wurde so oftmals das Haftungssubjekt entzogen.

Seit dem Urteil vom 1.7.2002 vertreten der BGH und Teile der Literatur eine sog. **modifizierte Sitztheorie**. Der Statutenwechsel soll danach nicht per se zur Nichtigkeit der Auslandsgesellschaft führen, sondern zu ihrer Umdeutung in eine inländische Personengesellschaft (GbR, oHG oder KG). Die Gesellschaft ist damit zumindest (wenn auch nicht in ihrer ursprünglichen Rechtsform) rechts- und parteifähig. Auch dieses sog. „Umqualifizierungsmodell" der modifizierten Sitztheorie steht scharf in der Kritik, führt dieses Modell doch zu weitreichenden Folgeproblemen (vgl. hierzu *Schulz/Wasmeier,* RIW 2010, 657).

5. Rechtsprechung des EuGH zur Niederlassungsfreiheit der Gesellschaften

Eine Kenntnis der Gründzüge der EuGH-Rechtsprechung zur Niederlassungsfreiheit ist für die Lösung von Fällen aus dem Bereich des internationalen Gesellschaftsrechts unerlässlich. Im Folgenden werden die wichtigsten Entscheidungen in aller Kürze skizziert. Dabei wird unterschieden zwischen Zuzugs- und Wegzugsfällen (dazu s.u.).

a) Zuzugsfälle

aa) Centros (1999)

Problem: Eine im Vereinigten Königreich (UK) gegründete Gesellschaft unterhält ihren tatsächlichen Verwaltungssitz ausschließlich in Dänemark und wird auch nur in Dänemark geschäftlich aktiv. Sie beantragt die Eintragung einer Zweigniederlassung im dänischen Handelsregister. Die Behörden lehnen dies unter Hinweis auf eine „Umgehung" der dänischen Gründungsvorschriften ab.

Kernaussage des EuGH: Die Eintragungsverweigerung stellt selbst dann einen Verstoß gegen die Niederlassungsfreiheit dar, wenn sämtliche Geschäfte nur im Sitzstaat geführt werden. Dies gilt auch dann, wenn diese Konstruktion nur gewählt wurde, um restriktive Gründungsvorschriften zu umgehen. Die Wahl eines günstigen Rechts in der EU stellt keinen Missbrauch der Niederlassungsfreiheit dar, sondern vielmehr eine zulässige Ausprägung derselben.

bb) Überseering (2002)

Problem: Eine nach niederländischem Recht gegründete Gesellschaft wird von zwei Deutschen gekauft, die das Geschäft ausschließlich in Deutschland weiterführen. Die Gesellschaft klagt in Deutschland aus einem Werkvertrag. Die Klage wird von den deutschen Gerichten abgewiesen, weil die Gesellschaft ihren Verwaltungssitz im Inland habe und nach der (strengen) Sitztheorie damit nicht rechts- und parteifähig sei.

Kernaussage des EuGH: Die Versagung der Rechts- und Parteifähigkeit verstößt gegen die Niederlassungsfreiheit.

cc) Inspire Art (2003)

Problem: Eine nach britischem Recht gegründete Gesellschaft wird ausschließlich in den Niederlanden geschäftlich tätig. Die Eintragung als Zweigniederlassung ins niederländische Handelsregister wird beantragt. Die Behörden verweigern die Eintragung unter Hinweis auf ein spezielles niederländisches Gesetz für „formell ausländische Gesellschaften". In diesem sind u.a. Pflichten betreffend das Mindestkapital und die Publizität statuiert, die teilweise für ausländische Gesellschaften strenger sind als für inländische und bei deren Nichteinhaltung die persönliche Haftung der Geschäftsführer vorgesehen ist. Neben Gründungsvorschriften handelt es sich dabei auch um Vorschriften, die während des Bestehens der Gesellschaft eingreifen.

Kernaussage des EuGH: Die Anwendung der gesellschaftsrechtlichen Vorschriften auf die EU-ausländische Gesellschaft stellt einen Verstoß gegen die Niederlassungsfreiheit dar. Eine Rechtfertigung der Anwendung der niederländischen Regelung folgt auch nicht aus Missbrauchsgesichtspunkten.

Es ist vielmehr eine zulässige Ausübung und kein Missbrauch der Niederlassungsfreiheit, wenn sich die Gründer bei der Gründung für dasjenige nationale Recht entscheiden, das die geringsten Anforderungen stellt. Eine Rechtfertigung unter dem Gesichtspunkt des Gläubigerschutzes scheidet ebenfalls aus: Gläubiger der Gesellschaft sind durch die Offenlegung der ausländischen Rechtsform hinreichend dahingehend gewarnt, dass evtl. Vorschriften für die Gesellschaft gelten, die von den inländischen abweichen können.

b) Wegzugsfälle

aa) Daily Mail (1988)

Problem: Verlegung des Verwaltungssitzes einer englischen Gesellschaft aus England in die Niederlande, um dort zu günstigeren steuerlichen Bedingungen im Wert gestiegene Wertpapiere zu verkaufen. Die englische Steuerbehörde verweigert die zur Sitzverlegung erforderliche Zustimmung.

Kernaussage des EuGH: Die Verlegung des Verwaltungssitzes in einen anderen Mitgliedstaat unter Beibehaltung der bisherigen Rechtsform ist gegenüber dem Gründungsstaat nicht von der Niederlassungsfreiheit geschützt. Gesellschaften sind Geschöpfe des nationalen Rechts; jenseits der Rechtsordnung, die ihre Gründung und Existenz regelt, haben sie keine Realität.

bb) Cartesio (2009)

Problem: Eine ungarische Gesellschaft will ihren Verwaltungssitz unter Beibehaltung ihrer Rechtsform nach Italien verlegen. Das ungarische Registergericht lehnt die entsprechende Eintragung unter Verweis auf die in Ungarn geltende Sitztheorie ab.

Kernaussage des EuGH: Die Verlegung unter Beibehaltung der bisherigen Rechtsform ist gegenüber dem Gründungsstaat nicht von der Niederlassungsfreiheit geschützt. Ob sich eine Gesellschaft auf die Niederlassungsfreiheit berufen kann, ist eine (Vor-) Frage, die sich ausschließlich nach nationalem Recht bestimmt. Lediglich die Umwandlung in eine Gesellschaftsform des Zuzugsstaates muss prinzipiell möglich sein.

cc) Folgerungen (h.M.)

Es ist zu unterscheiden zwischen Zuzugsfällen und Wegzugsfällen:

- **Zuzugsfälle**
  Die Belastung geht vom Zuzugsstaat (Immigrationsstaat) aus. Die Anwendung sämtlicher gesellschaftsrechtlicher Vorschriften auf eine EU-Auslandsgesellschaft stellt grdsl. eine Beschränkung der Niederlassungsfreiheit dar. Eine Rechtfertigung kommt nur in Ausnahmefällen in Betracht. Enthält das Gründungsrecht bereits gläubigerschützende Normen (und sei es von geringerer Schutzhöhe), ist die Anwendung inländischen Rechts regelmäßig nicht erforderlich im Sinne des sog. Vier-Konditionen-Tests.

- **Wegzugsfälle**
  Die Belastung geht vom Wegzugsstaat (Emigrationsstaat) aus. Die Hinausverlegung von Satzungs- oder Verwaltungssitz unter Beibehaltung der nationalen Rechtsform darf der Gründungsstaat verbieten. Er regelt insofern nur die nicht europarechtliche (Vor-)Frage, ob es sich überhaupt um eine Gesellschaft im Sinne des AEUV handelt.
  Die Hinausverlegung unter Rechtsformwechsel (Umwandlung in eine Gesellschaftsform des Zuzugsstaates) ist hingegen von der Niederlassungsfreiheit geschützt.

? *Wiederholungs- und Vertiefungsfragen*

1. Für welche Gesellschaften gilt die Gründungstheorie, für welche die Sitztheorie?

2. Gilt die *ultra-vires* Lehre in Deutschland?

✔ *Lösungen der Wiederholungs- und Vertiefungsfragen*

1. Die Gründungstheorie gilt nach Rspr. und h.M. für Gesellschaften aus der EU und aus dem EWR. Außerdem gilt sie bei sonstigen sog. Drittstaaten, denen aufgrund eines Assoziationsabkommens mit der EU die Niederlassungsfreiheit eingeräumt ist.

Schließlich gilt sie in Deutschland im Verhältnis zu den USA infolge Art. XXV Abs. 5 Nr. 2 des Freundschafts-, Handels- und Schifffahrtsvertrages zwischen der Bundesrepublik Deutschland und den Vereinigten Staaten von Amerika vom 29. Oktober 1954 (BGBl. 1956 II S. 488). Im Verhältnis zu allen anderen Staaten gilt nach der Rspr. und Teilen der Literatur nach wie vor die Sitztheorie.

2. Die *ultra-vires* Lehre bezeichnet die Beschränkung der Vertretungsmacht durch den Gesellschaftszweck. Geschäfte außerhalb dieses Zwecks sind nichtig. Die Lehre galt bis zum EU-Beitritt in England, danach im Verhältnis zu den anderen Mitgliedsstaaten nicht mehr. Ein „Import" dieser Lehre über die Gründungstheorie ist damit nicht zu erwarten. Die *ultra-vires*-Lehre gilt aber noch immer in der Schweiz. Hier gilt zwar im Grundsatz die Sitztheorie, nach dem BGH aber in ihrer modifizierten Form („Umqualifizierungsmodell"). Bei der Umqualifizierung sind dabei laut BGH auch die Wertungen des Gründungsrechts heranzuziehen; ein Import der *ultra-vires* Lehre ist damit über die Sitztheorie möglich. Hier hilft im Interesse des Verkehrsschutzes nur die analoge Anwendung von Art. 12 EGBGB.

C. Internationales Zivilverfahrensrecht

Während sich das IPR mit der Frage beschäftigt „Welches Recht ist anwendbar?“, bestimmt das Internationale Zivilverfahrensrecht wer, wo und wie jemand seine Rechte aus privaten Rechtsverhältnissen einklagen oder vollstrecken kann.

Die Kernfrage lautet: Welches Gericht ist zuständig? (I.).

⚒ IPR Prüfungsschema

A. Zulässigkeit der Klage / des Antrags

I. Internationale Zuständigkeit

1. Staatsvertragliche Regelungen

a) Mehrseitige Staatsverträge

b) Bilaterale Staatsverträge

2. Autonomes Recht

a) Vorschriften über die internationale Zuständigkeit

b) Rückschluss von örtlicher Zuständigkeit auf internationale Zuständigkeit

II. Sachliche Zuständigkeit (z.B. §§ 23 Nr. 1, 71 Abs. 1 GVG)

III. Örtliche Zuständigkeit

IV. Sonstige Verfahrensvoraussetzungen

- nach *lex fori*-Prinzip Recht des Gerichtsortes (z.B. Parteifähigkeit § 50 Abs. 1 ZPO, Prozessfähigkeit § 52 ZPO, Anwaltszwang § 78 Abs. 1 ZPO)

B. Begründetheit (s.o.)

Darüber hinaus sind auch die Gerichtsbarkeit, die Stellung ausländischer Parteien, die Zustellung, Anwendung ausländischen Rechts (II.), die Anerkennung und Vollstreckung ausländischer Entscheidungen (III.) wichtige Themen.

I. Internationale Zuständigkeit nach der EuGVVO

Die internationale Zuständigkeit der Gerichte bestimmt sich vorrangig nach der Verordnung Nr. 1215/2012 des Europäischen Parlaments und Rates über die gerichtliche Zuständigkeit und die Anerkennung und Vollstreckung von Entscheidungen in Zivil- und Handelssachen v. 10.1.2015 (EuGVVO oder auch „Brüssel Ia-VO").

1. Anwendungsbereich

a) sachlich: Gem. Art. 1 Abs. 1 gilt die EuGVVO für Zivil- und Handelssachen.

Zivilsachen meint, dass Ansprüche gegen Staaten für Handlungen oder Unterlassungen i.R.d. Ausübung hoheitlicher Rechte (sog. *acta iure imperii*) nicht erfasst sind. Dies ist nunmehr in Art. 1 Abs. 1 S. 2 der Neufassung der EuGVVO explizit geregelt.

Der Begriff „hoheitlich" unterliegt dabei einer autonomen Auslegung und gleicht nicht zwangsläufig dem deutschen Verständnis.

Beispiel (EuGH, Urt. v. 21.4.1993, Rs. C-172/91, *Sonntag*): Ein Schadensersatzanspruch der Eltern gegen einen Lehrer wegen Aufsichtsverletzung, der nach deutschem Verständnis als staatshaftungsrechtlicher Anspruch zum öffentlichen Recht gehört, ist noch vom Anwendungsbereich der EuGVVO erfasst

Für hoheitliche Maßnahmen gilt der Grundsatz der **Staatenimmunität**. Wird der Staat dagegen auf Ebene des Privatrechts tätig, unterliegt auch er der Zivilgerichtsbarkeit (Theorie der relativen Staatenimmunität). Der Rechtsstreit über einen mit der Botschaft eines anderen Landes geschlossenen Kaufvertrag unterfällt daher der EuGVVO.

Die Schadensersatzklagen griechischer und italienischer Dorfbewohner, deren Eltern während des Zweiten Weltkrieges Opfer von Nazi-Verbrechen wurden, gegen die Bundesrepublik Deutschland fallen hingegen nicht unter die EuGVVO, da Kriegsschäden und deren Bewältigung typischer Ausdruck staatlicher Souveränität sind (vgl. EuGH, Urt. v. 15.2.2007, Rs. C-292/05, *Lechouritou*; BGHZ 155, 279, *Distomo*; der Internationale

Gerichtshof in Den Haag hat im Februar 2012 entschieden, dass Deutschland keine individuellen Entschädigungen zahlen muss).

Vom Anwendungsbereich der EuGVVO sind zudem die in Art. 1 Abs. 2 EuGVVO aufgeführten Streitigkeiten ausgenommen:

- Personenstandssachen, Rechts- und Handlungsfähigkeit sowie gesetzliche Vertretung;
- Unterhalts- und Erbsachen;
- Insolvenzen, Vergleiche, Fälle der Schiedsgerichtsbarkeit

Für diese existieren teilweise speziellere Verordnungen oder internationale Vereinbarungen. Die Ausnahmen sind autonom und im Zweifel eng auszulegen, um den Zweck der EuGVVO nach einer möglichst weitgehenden Vereinheitlichung des Zuständigkeitsrechts gerecht zu werden.

b) zeitlich: Die EuGVVO gilt für alle nach dem 10.1.2015 erhobenen Klagen, vgl. Art. 66 Abs. 1 EuGVVO.

c) räumlich: es muss ein hinreichender räumlicher Bezug zum Gebiet der EU bestehen:

- Bei **natürlichen Personen** ist gem. Art. 4 Abs. 1 und 6 Abs. 1 EuGVVO der **Wohnsitz** maßgeblich.
- Bei juristischen Personen ist gem. Art. 63 Abs. 1 EuGVVO (a) der Sitz, (b) ihre Hauptvertretung oder (c) ihre Hauptniederlassung maßgeblich.
- Bei Grundstücken ist der Belegenheitsort maßgeblich, vgl. Art. 24 Nr. 1 EuGVVO.

Dem Gericht eines Vertragsstaats ist es verwehrt, seine Zuständigkeit mit der Begründung zu verneinen, dass ein Gericht eines Nichtvertragsstaats geeigneter ist, um über den betreffenden Rechtsstreit zu befinden (= **Einrede des *forum non conveniens***). Dabei ist es auch unbeachtlich, dass das andere Gericht nicht in einem Vertragsstaat der EuGVVO liegt.

Beispiel (EuGH, Urt. v. 1.3.2005, Rs. C-281/02, *Owusu)*: Der Brite *Owusu* macht Urlaub in Jamaika. Dort springt er am Privatstrand seiner Ferienwohnung, die er vom Briten Jackson gemietet hat, kopfüber ins Meer. Dabei bricht er sich einen Halswirbel, was zur Querschnittslähmung führt. Er klagt beim englischen Gericht gegen den Vermieter und Verwalter des Strandes Jackson. Das Gericht verweist auf die Gerichte in Jamaika mit der Begründung, dass diese aufgrund der Ortsnähe besser geeignet seien, den Fall zu entscheiden.

2. Zuständigkeitsregeln

a) Exklusive Gerichtsstände: Bei exklusiven Gerichtsständen ist weder eine Gerichtsstandsvereinbarung noch ein rügeloses Einlassen möglich, vgl. Art. 24 EuGVVO.

Art. 24 EuGVVO bestimmt exklusive Gerichtsstände:

- Für Klagen, welche Rechte an unbeweglichen Sachen betreffen (inklusive langfristiger Mieten), sind die Gerichte des Belegenheitsorts zuständig.
- Für gesellschaftsrechtliche Klagen sind die Gerichte am Sitz der Gesellschaft zuständig.
- Für Klagen auf Zwangsvollstreckung sind die Gerichte des Mitgliedstaats, an dem vollstreckt werden soll, zuständig.

b) Besondere Gerichtsstände

Die besonderen Gerichtsstände finden sich in Art. 7-9 EuGVVO. Diese Vorschriften regeln neben der internationalen Zuständigkeit auch die örtliche Zuständigkeit.

Darüber hinaus finden sich besondere Zuständigkeiten für Versicherungssachen (Art. 10-16 EuGVVO), Verbrauchersachen (Art. 17-19 EuGVVO) und Individualarbeitsverträge (Art. 20-23 EuGVVO.)

aa) Besonderer Gerichtsstand des Erfüllungsorts

Dem Gerichtsstand des Erfüllungsortes kommt die größte Bedeutung unter den besonderen Gerichtsständen zu.

Zur **Prüfungsreihenfolge**: Zunächst ist Art. 7 Nr. 1 lit. a), b) EuGVVO zu prüfen, wie sich aus lit. c) ergibt. Demnach muss die Erfüllung in einem Mitgliedstaat liegen und der Gegenstand des Vertrages einen Warenkauf oder eine Dienstleistung betreffen.

Art. 7 Nr. 1 lit. a) (ohne Konkretisierung durch lit. b)) dient als Auffangtatbestand für alle anderen Verkaufsgegenstände sowie für Verträge bei denen der Erfüllungsort nicht in einem Mitgliedstaat liegt.

Die Leistung und Gegenleistung werden getrennt bestimmt. Die streitige Verpflichtung ist maßgeblich, nicht die vertragscharakteristische Leistung. Dabei ist stets die Hauptleistungspflicht maßgeblich (bei einem Kauf etwa die Verpflichtung zur Kaufpreiszahlung, nicht die Abnahmepflicht).

Beispiel: Erfüllungsort der anwaltlichen Honorarforderung (BGH, NJW 2006, 1806): Eine deutsche Rechtsanwaltsgesellschaft vertrat einen französischen Verein mit Sitz in Paris in einem Schiedsverfahren. Die wochenlange juristische Vorbereitung erfolgte in München. Die Verhandlung fand in London statt. Als sich der Verein weigert, die Rechtsanwaltsgesellschaft zu bezahlen, klagt diese vor dem LG München. Ist das LG München zuständig?

Lösung: BGH: Art. 5 Nr. 1 lit. b) (+)

Dienstleistung iSv Art. 57 AEUV ist weit auszulegen und umfasst sämtliche Dienstleistungen, die regelmäßig gegen Entgelt erbracht werden. Die freiberufliche Tätigkeit eines Rechtsanwaltes fällt darunter.

Der Erfüllungsort bestimmt sich nach dem Schwerpunkt der Tätigkeit. Lässt sich ein Schwerpunkt nicht finden, hat der Kläger die Wahl (vgl. EuGH, NJW 2009, 2801 - *Rehder/Air Baltic*)

Der Schwerpunkt der juristischen Arbeit lag in der Kanzlei in München, allein die Verhandlung fand in London statt.

Ergebnis: Das LG München ist zuständig.

Bei mehreren Erfüllungsorten in mehreren Mitgliedstaaten ist der Ort der Hauptlieferung maßgeblich, vgl. EuGH, NJW 2007, 1799 und EuGH, NJW 2010, 1189. Beim Versendungskauf ist der endgültige Bestimmungsort der Erfüllungsort, vgl. BGH, NJW 2008, 3001; EuGH, NJW 2010, 1059.

Der Erfüllungsort bestimmt sich nach der Tessili-Rechtsprechung des EuGH (EUGHE 1976, 1473) nach der *lex causae*, d.h. nach dem IPR der *lex fori*. Das anwendbare Sachrecht (Vertragsstatut) ist maßgeblich. Dies hat den Vorteil des Gleichlaufs zwischen materiellem Erfüllungsort und Gerichtsstand, freilich auch den Nachteil der Zersplitterung der Gerichtsstände je nach Hauptleistungspflicht.

bb) Verbrauchergerichtsstände

In Art. 17-19 EuGVVO sind die Verbrauchergerichtsstände geregelt.

Liegt eine Verbrauchersache vor, hat der **Verbraucher ein Wahlrecht**: er kann seinen beruflich oder gewerblich tätigen Vertragspartner entweder beim Gericht an dessen Wohnsitz oder an seinem eigenem Wohnsitz verklagen (Art. 18 Abs. 1 EuGVVO). Der Unternehmer kann den Verbraucher hingegen nur an dessen Wohnsitz verklagen (Art. 18 Abs. 2 EuGVVO).

In Art. 17 EuGVVO wird die Verbrauchersache näher definiert. Erfasst werden Verträge, die ein Verbraucher abgeschlossen hat, d.h. die zu einem Zweck geschlossen wurden, der nicht der beruflichen oder gewerblichen Tätigkeit dieser Person zugerechnet werden kann.

Problematisch ist insoweit der **Anwendungsbereich der Art. 17-19 EuGVVO** bei Waren, die sowohl für die private als auch für die berufliche Nutzung gekauft wurden (***dual use***).

Beispiel: Gruber/Bay Wa (EuGH, Urt. v. 20.1.2005, Rs. C-464/01 = NJW 2005, 653): Der österreichische Landwirt L deckt das Dach seines nahe an der deutschen Grenze gelegenen Bauernhofes neu ein. Ca. 60% des Hofes bewohnt seine Familie, in den restlichen 40% sind Schweine, Maschinen und Futter untergebracht. Die Dachziegel bestellte er beim deutschen Baustoffhandel B, der auch österreichischen Zeitungen Werbeprospekte beilegte. Im Verkaufsgespräch erwähnte er, dass er seinen Hof neu eindecken wollte. Die Ziegel erwiesen sich als mangelhaft und L reichte Klage bei seinem örtlichen Landesgericht in Österreich ein. Dabei stützte er sich auf die Art. 17-19 EuGVVO. Sind diese anwendbar?

Lösung: Nach Vorlage durch den Obersten Gerichtshof entschied der EuGH zum Anwendungsbereich des damaligen Art. 13 EuGVÜ (heute: Art. 17 EuGVVO) wie folgt:

Die in der EuGVVO verwendeten Begriffe, darunter auch der des Verbrauchers, sind autonom auszulegen, wobei in erster Linie die Systematik und die Zielsetzung des Übereinkommens zu berücksichtigen sind, um dessen einheitliche Anwendung in allen Vertragsstaaten zu sichern.

Aus dem Wortlaut des Art. 17 EuGVVO, der Systematik der EuGVVO und der bisherigen Rechtsprechung ist zu schließen, dass der Verbraucherbegriff eng auszulegen ist. Daher gilt beim hier vorliegenden Fall des **dual use**:

„Eine Person, die einen Vertrag abgeschlossen hat, der sich auf einen Gegenstand bezieht, der für einen teils beruflich-gewerblichen, teils nicht ihrer beruflichen oder gewerblichen Tätigkeit zuzurechnenden Zweck bestimmt ist, kann sich nicht auf die speziellen Zuständigkeitsvorschriften der Artikel 13 bis 15 EuGVÜ (heute Art. 17-19 EuGVVO) berufen, es sei denn, der beruflich-gewerbliche Zweck ist derart nebensächlich, dass er im Gesamtzusammenhang des betreffenden Geschäftes nur eine ganz untergeordnete Rolle spielt, wobei die Tatsache, dass der nicht beruflich-gewerbliche Zweck überwiegt, ohne Bedeutung ist".

Ergebnis: Die Zuständigkeit des österreichischen Gerichts ist insoweit zu verneinen.

Im Unterschied zum nationalen Recht, legt der EuGH (Urt. v. 20.1.2005, Rs. C-464/01, *Gruber*) den Verbraucherbegriff im Europäischen Zuständigkeitsrecht sehr eng aus. Wird eine Sache sowohl für private als auch für geschäftliche Zwecke gekauft (*Beispiele: Auto des Handelsvertreters, das auch privat genutzt wird; Computer des selbstständigen Webdesigners, der auch von den Kindern genutzt wird*) so kommt es im nationalen Recht auf den Schwerpunkt der Zwecksetzung an. Der EuGH schließt jedoch schon bei einem beruflichen Zweck die Anwendung der Verbrauchervorschriften aus.

Art. 17 Abs. 1 EuGVVO zählt die erfassten Verbraucherverträge auf. Lit. c) kommt dabei die größte Bedeutung zu. Als Auffangtatbestand erfasst er alle Verbraucherverträge. Der Vertragspartner des Verbrauchers muss in dem Mitgliedstaat, in dessen Hoheitsgebiet der Verbraucher seinen Wohnsitz hat, eine berufliche oder gewerbliche Tätigkeit ausüben oder eine solche auf irgend einem Wege auf diesen Mitgliedstaat ausrichten.

Problematisch ist dies bei Angeboten über aktive und passive Websites:

Beispiel: *Hotel Alpenhof* (EuGH, Urt. v. 18.5.2010, Rs C-144/09): Das österreichische Unternehmen "Hotel Alpenhof" betreibt eine Website. Auf dieser finden sich die Telefonnummer des Hotels mit internationaler Vorwahl sowie Anfahrtsbeschreibungen von Deutschland, der Schweiz und Italien. Herr H wurde über die Website auf das Hotel aufmerksam und reservierte mehrere Zimmer für eine Woche. Seine Buchung erfolgte per E-Mail an die auf der Website angegebene, elektronische Adresse. Herr H bemängelte später die Hotelleistungen und reiste ohne Zahlung der Rechnung in sein Herkunftsland zurück. Das Hotel Alpenhof verklagte ihn daraufhin vor einem österreichischen Gericht auf Zahlung der Hotelrechnung. Ist dieses Gericht zuständig?

Lösung:

I. Zuständigkeit des österreichischen Gerichts

Die Zuständigkeit des Gerichts ermittelt sich nach der EuGVVO, deren Anwendungsbereich im vorliegenden Fall eröffnet ist.

Möglicherweise greift hier der spezielle Verbrauchergerichtsstand des **Art. 17 Abs. 1 lit. c) EuGVVO**:

(1) Verbrauchervertrag (+)

(2) der Vertragspartner des Verbrauchers muss in dem Mitgliedstaat, in dessen Hoheitsgebiet der Verbraucher seinen Wohnsitz hat, eine berufliche oder gewerbliche Tätigkeit ausüben oder eine solche auf irgend einem Wege auf diesen Mitgliedstaat ausrichten.

Fraglich ist, wie dieses **"Ausrichten"** auszulegen ist:

Nach dem EuGH ist zu prüfen, ob vor einem möglichen Vertragsschluss mit dem Verbraucher aus dieser Website und der gesamten Tätigkeit des Gewerbetreibenden hervorgeht, dass dieser mit Verbrauchern, die in einem Mitgliedstaat wohnhaft sind, in dem Sinne Geschäfte zu tätigen beabsichtigte, dass er zu einem Vertragsschluss mit ihm bereit war.

Der EuGH nennt hierfür verschiedene Kriterien:
- Anfahrtsbeschreibung von anderen Mitgliedstaaten
- andere Sprache und Währung als im Mitgliedstaat der Niederlassung
- Buchung in dieser Sprache
- Telefonnummer mit internationaler Vorwahl
- etc.

Die Sprache ist grundsätzlich ein wichtiges Kriterium, wenn etwa ein spanisches Hotel seine Angebote im Internet auf Deutsch veröffentlicht. Bei einem österreichischen Hotelangebot kann der deutschen Sprache allerdings keine Indizwirkung zu kommen.

Hingegen ist die bloße Zugänglichkeit der Website des Gewerbetreibenden oder seines Vermittlers in dem Mitgliedstaat, in dessen Hoheitsgebiet der Verbraucher seinen Wohnsitz hat, nicht ausreichend. Das Gleiche gilt für die Angabe einer elektronischen Adresse oder anderer Adressdaten oder für die Verwendung einer Sprache oder Währung, die in dem Mitgliedstaat der Niederlassung des Gewerbetreibenden die üblicherweise verwendete Sprache und/oder Währung sind.

Im vorliegenden Fall bestehen jedoch zahlreiche Anhaltspunkte dafür, dass der Gewerbetreibende seine Tätigkeit auf einen anderen oder mehrere andere Mitgliedstaaten als die Republik Österreich ausrichtete. So finden sich auf der Website die Telefonnummer des Hotels mit internationaler Vorwahl und Anfahrtsbeschreibungen aus Deutschland und anderen Staaten. Es kann nur Grund dieser Angaben sein, dass auch Kunden aus dem Ausland Kontakt aufnehmen können.

→ „ausrichten" (+) → Verbrauchergerichtsstand des Art. 17 Abs. 1 lit. c) EuGVVO (+)

Rechtsfolge: Das Unternehmen Hotel Alpenhof kann gem. Art. 18 Abs. 2 EuGVVO nur vor den Gerichten des Wohnsitzstaates des Verbrauchers Klage erheben.

Ergebnis: Die Zuständigkeit des österreichischen Gerichts ist zu verneinen.

Letztlich zieht Art. 19 EuGVVO strenge Grenzen für mögliche, davon **abweichende Gerichtsstandsvereinbarungen**.

Beispiel: Fly away! – Teil 1: Der Deutsche A bucht bei der R-Fly einen Flug von Weeze nach Barcelona. Die R-Fly betreibt ihren Flugbetrieb auch in Weeze, hat ihren Hauptsitz aber in Irland. Die Buchung erfolgt über die Internetseite der R-Fly. Bei der Buchung mussten die AGB der R-Fly durch den A durch Anklicken eines Kästchens bestätigt werden (sog. „click-wrapping-Prinzip"). Diese AGB enthalten u. a. eine Vereinbarung, wonach für den Vertrag irisches Recht gelten soll. Zudem ist folgende Klausel enthalten: „Alle Streitigkeiten, die aus dem oder im Zusammenhang mit diesem Vertrag entstehen, unterliegen der Zuständigkeit irischer Gerichte." Planmäßig sollte die Maschine um 07.55 Uhr in Weeze starten und um 10.40 Uhr in Barcelona landen. Tatsächlich hob die Maschine aber erst 9 Stunden später ab. A ist der Auffassung, dass ihm nach der Rechtsprechung des EuGH aufgrund der Verspätung Ausgleichsansprüche zustünden.
A ist der Auffassung, dass diese Gerichtsstandsvereinbarung ihm als Verbraucher gegenüber unwirksam ist. Hat A Recht?

Lösung: Die Frage, ob die zwischen A und der R-Fly getroffene Gerichtsstandsvereinbarung wirksam abgeschlossen wurde mag dahinstehen, wenn durch die Vereinbarung gegen die Regelungen zur Zuständigkeit bei Verbrauchersachen abgewichen worden wäre, vgl. Art. 19 EuGVVO. Die Art. 17-19 EuGVVO sind allerdings, mit Ausnahme von Pauschalreisen, nicht auf Beförderungsverträge anzuwenden. Eine Pauschalreise liegt hier nicht vor, da A lediglich einen Flug nicht aber eine damit kombinierte Unterbringungsleistung bei der R-Fly gebucht hat. Art. 19 EuGVVO steht der Vereinbarung von Gerichtsstandsvereinbarungen daher nicht entgegen.

cc) Gerichtsstand der unerlaubten Handlung

Auch für unerlaubte Handlung normiert Art. 7 EuGVVO einen besonderen Gerichtsstand. Nach Nr. 2 liegt dieser am Ort „an dem das schädigende Ereignis eingetreten ist oder einzutreten droht". Beachte: Der Begriff wird vom EuGH vertragsautonom und weitreichend dahingehend ausgelegt, dass er sowohl am Ort des Schadenseintritts (Erfolgsort) als auch – anders als es der Wortlaut vermuten lässt – am Ort des dem Schaden zugrunde liegenden ursächlichen Geschehens (Handlungsort) liegt.

➔ vgl. zu den unterschiedlichen Anknüpfungspunkten bei unerlaubten Handlungen Seite 70 ff.

Dem Kläger wird durch dieses sog. *Ubiquitätsprinzip* die Wahl gelassen, ob er vor dem Gericht klagt, in dessen Bezirk die schädigende Handlung vorgenommen wurde, oder aber vor dem Gericht, in dessen Bezirk der Schaden eingetreten ist. Dies ist insbesondere bei **Distanz- und Streudelikten**, wie sie durch Presse und Internet immer zahlreicher werden, sinnvoll.

➔ vgl. zu den Streudelikten das Beispiel „Caroline von Monaco", Seite 73.

Problem: Internationale Verkehrsunfälle und forum shopping

Ein großer Teil der unerlaubten Handlungen dürfte im Straßenverkehr auftreten, so dass auch stets an die Klage gegen die **Haftpflichtversicherung** gedacht werden sollte. **Art. 10-13 EuGVVO** bieten dem Geschädigten dabei weitreichende Wahlmöglichkeiten. Er kann seine Klage vor den Gerichten des Mitgliedstaats, in dem der Versicherer seinen Wohnsitz hat, oder in dem der Kläger seinen Wohnsitz hat, (Art. 11 EuGVVO) erheben, aber auch den Gerichtsstand des Schadensorts (Art. 12 EuGVVO) wählen. Dass diese Möglichkeiten zum *forum shopping* genutzt werden können, verdeutlicht das folgende Beispiel.

Beispiel: Autounfall in Frankreich (vgl. *Nugel,* NJW-Spezial 2010, 9): Franzose F wohnt in Deutschland und wird mit seinem Fahrzeug in Frankreich in einen Verkehrsunfall mit dem Pkw des Deutschen D verwickelt. Zwischen beiden Fahrern entbrennt ein Streit darüber, wer schuld am Unfall sei. Eine Aufklärung gelingt nicht. Der Schaden am deutschen Fahrzeug beträgt 4.000 €. Vor welchem Gericht sollte D gegen den Kraftfahrzeughaftpflichtversicherer des F klagen?

Lösung: D könnte gem. Art. 13 Abs. 2 i.V.m. Art. 11 Abs. 1 lit. b) EuGVVO Klage in Deutschland erheben.

Vorrangige internationale Abkommen bestehen nicht, insbesondere ist Deutschland dem Haager Übereinkommen über das auf Straßenverkehrsunfälle anzuwendende Recht v. 4.5.1971 nicht beigetreten.

Das Gericht wird daher die Rom II-VO anwenden: Da D und F zum Zeitpunkt des Schadenseintritts beide ihren gewöhnlichen Aufenthalt in Deutschland haben, gilt gem. Art. 4 Abs. 2 Rom II-VO deutsches Recht.

Das deutsche Recht wird im vorliegenden Fall des unaufklärbaren Unfallgeschehens zwei gleich große Betriebsgefahren i.S.d. § 17 Abs. 1 und 2 StVG zugrunde legen und somit zu einer Haftungsteilung gelangen. D würde seinen Schaden i.H.v. 2.000 € ersetzt bekommen.

Erhebt D hingegen gem. Art. 12 EuGVVO Klage vor dem Gericht des Ortes, an dem das schädigende Ereignis eingetreten ist, wird das französische Gericht das Haager Übereinkommen über das auf Straßenverkehrsunfälle anzuwendende Recht anwenden, da Frankreich (ebenso wie etwa Österreich, Spanien, Polen, Schweiz) Vertragsstaat des Übereinkommens ist.

Gem. Art. 11 des Übereinkommens wird es auch gegenüber Nichtvertragsstaaten angewandt. Das Übereinkommen sieht in Art. 3 das Tatortprinzip vor, so dass französisches Recht zur Anwendung gelangt.

Das französische Recht sieht bei einem Unfall mit ungeklärter Schuldfrage vor, dass jede Seite den Schaden der anderen ersetzt. D könnte daher Ersatz des gesamten Schadens i.H.v. 4.000 € verlangen.

Problem: Konkurrenz von deliktischen und vertraglichen Ansprüchen

Umstritten ist, ob Gerichte, die gem. Art. 7 Nr. 1 EuGVVO für vertragliche Ansprüche zuständig sind, auch für die zugleich einschlägigen deliktischen Ansprüche zuständig sind oder ob diesbezüglich Art. 7 Nr. 2 EuGVVO anzuwenden ist.

Die **Rechtsprechung** verneint eine solche „Annexkompetenz" mit bloßem Hinweis auf den Vorrang des allgemeinen Gerichtsstandes, was zur Konsequenz haben kann, dass unter Umständen einzelne Aspekte eines Rechtsstreits vor verschiedenen Gerichten verhandelt werden müssen.

In der **Literatur** wird diese unpraktikable Lösung zu Recht als mit der Prozessökonomie und der Gewährung effektiven Rechtsschutzes unvereinbar kritisiert.

Problem: Gerichtsstand bei Klagen aus culpa in contrahendo

Die Begriffe „Vertrag" und „unerlaubte Handlung" sind vertragsautonom auszulegen und können daher von der deutschen Auslegung abweichen:

Beispiel: *Tacconi* (EuGH, Urt. v. 17.9.2002, Rs. C-334/00): Der Italiener Tacconi verklagt die deutsche H-GmbH auf Schadensersatz i.H.v. 500.000 € wegen Abbruchs von Vertragsverhandlungen. Welches Gericht ist zuständig?

Lösung: Art. 7 Nr. 2 EuGVVO bestimmt, dass für Ansprüche aus **unerlaubter Handlung** oder einer Handlung, die einer unerlaubten Handlung gleichgestellt ist, das Gericht am Ort des schädigenden Ereignisses zuständig ist.

Fraglich ist, ob der Abbruch von Vertragsverhandlungen darunter fällt. Nach deutschem Recht gehört er als Fallgruppe der culpa in contrahendo zu den vertragsähnlichen Ansprüchen.

Hier ist allerdings eine **vertragsautonome Auslegung** der Begriffe „Vertrag" und „unerlaubte Handlung" vorzunehmen. Dabei sind Systematik und Zielsetzung der EuGVVO zu berücksichtigen. Die Zielsetzung liegt in einer Vereinheitlichung der Zuständigkeitsregelungen für die Gerichte in Europa und in der Verbesserung des Rechtsschutzes, dadurch dass Kläger wie Beklagte ohne Schwierigkeiten feststellen können, welches Gericht sie anrufen bzw. vor welchem Gericht sie verklagt werden können.

Art. 7 Nr. 2 EuGVVO bezieht sich auf alle Klagen, mit denen eine Schadensersatzhaftung geltend gemacht wird und die nicht an einen Vertrag i.S.d. **Art. 7 Nr. 1 EuGVVO** anknüpft. Dies **verlangt** zwar nicht unbedingt den Abschluss eines Vertrages, setzt aber eine **freiwillig eingegangene Verpflichtung** voraus.

An einer solchen fehlt es hier. Der Schadensersatzanspruch kann sich allenfalls aus einem Verstoß gegen Treu und Glauben ergeben. Der EuGH ordnet die culpa in contrahendo daher der unerlaubten Handlung zu.

Ein vergleichbares Problem stellt sich bei der Einordnung von Klagen aus **Gewinnmitteilungen** i.S.d. § 661a BGB, wonach der Verbraucher einen Anspruch auf Auszahlung des Preises hat, wenn er von einem Unternehmer eine persönlich an ihn adressierte Gewinnmitteilung zugeschickt bekommt, die den Eindruck erweckt, dass der Verbraucher einen Preis gewonnen habe, wenn er eine Bestellung aufgibt. Diese Fälle ordnet der EuGH jedoch nicht dem Gerichtsstand der unerlaubten Handlungen, sondern dem Gerichtsstand bei Verbrauchersachen gem. Art. 17 Abs. 1 lit. c) EuGVVO zu, vgl. EuGH v. 14.5.2009, C-180/06, *Ilsinger* und EuGH v. 11.7.2002, Rs. C-96/00, *Gabriel.*

dd) Gerichtsstand des Zusammenhangs

Art. 8 EuGVVO regelt den Gerichtsstand für den Fall, dass mehrere Personen zusammen verklagt werden (Nr. 1). Dies ist sinnvoll um bei Klagen, die eine enge Beziehung zueinander aufweisen, widersprechende Entscheidungen zu vermeiden. Weiterhin ist dort die Zuständigkeit für Widerklagen und Klagen aus Vertrag, die mit Klagen wegen dinglicher Rechte an unbeweglichen Sachen verbunden werden, geregelt.

c) Gerichtsstandsvereinbarung gem. Art. 25 Abs. 1 EuGVVO

Stehen Regelungen zu exklusiven und besonderen Gerichtsständen nicht entgegen, haben die Parteien die Möglichkeit, eine Gerichtsstandsvereinbarung nach Art. 25 Abs. 1 EuGVVO zu schließen. Voraussetzungen dafür sind:

(1) Eine Partei muss ihren Wohnsitz in einem Mitgliedstaat haben (vgl. zum Wohnsitz Art. 62, 63 EuGVVO).

(2) Gerichte eines Mitgliedstaates müssen bestimmt werden. Das ist sowohl bei bereits entstandenen als auch bei künftigen Rechtsstreitigkeiten möglich.

(3) Die Gerichtsstandsvereinbarung kann schriftlich, durch Bestätigung, Gepflogenheit oder internationalen Handelsbrauch vereinbart werden.

Beispiel: Fly away! – Teil 2 (EuGH, NJW 2009, 2801 - *Rehder/Air Baltic*): Der Deutsche A bucht bei der R-Fly einen Flug von Weeze nach Barcelona. Die R-Fly betreibt ihren Flugbetrieb auch in Weeze, hat ihren Hauptsitz aber in Irland. Die Buchung erfolgt über die Internetseite der R-Fly. Bei der Buchung mussten die AGB der R-Fly durch den A durch Anklicken eines Kästchens bestätigt werden (sog. „click-wrapping-Prinzip"). Diese AGB enthalten u. a. eine Vereinbarung, wonach für den Vertrag irisches Recht gelten soll. Zudem ist folgende Klausel enthalten: „Alle Streitigkeiten, die aus dem oder im Zusammenhang mit diesem Vertrag entstehen, unterliegen der Zuständigkeit irischer Gerichte." Planmäßig sollte die Maschine um 07.55 Uhr in Weeze starten und um 10.40 Uhr in Barcelona landen. Tatsächlich hob die Maschine aber erst 9 Stunden später ab. A ist der Auffassung, dass ihm nach der Rechtsprechung des EuGH aufgrund der Verspätung Ausgleichsansprüche zustünden.
A klagt vor dem AG Geldern als Gericht im Bezirk Weeze. Die R-Fly beantragte im ersten Schriftsatz noch vor der Hauptverhandlung, die Klage abzuweisen, da Ausgleichsansprüche wegen Verspätung nicht bestünden. Später rügt sie in einen zweiten Schriftsatz die Zuständigkeit des AG Geldern. Zu Recht?

Lösung: Die internationale Zuständigkeit des AG Geldern könnte sich aus Art. 7 Nr. 1 lit. a), b) Spiegelstrich 2 EuGVVO ergeben. Demnach kann eine Person, die ihren Wohnsitz im Hoheitsgebiet eines Mitgliedstaats hat, in einem anderen Mitgliedstaat am Erfüllungsort der Dienstleistung verklagt werden.

Erfüllungsort ist im Fall einer Beförderung von Personen im Luftverkehr sowohl der Ort des Abflugs als auch der Ankunft. Erfüllungsort ist damit auch Weeze. Der Kläger hat diesbezüglich ein Wahlrecht, welches Gericht er anruft (EuGH, NJW 2009, 2801 - *Rehder/Air Baltic*), so dass das AG Geldern insoweit zuständig wäre.

Die Parteien könnten aber die Zuständigkeit des Gerichts gem. Art. 23 Abs. 1 S. 2 EuGVVO abbedungen haben.

Eine solche Gerichtsstandsvereinbarung müsste gem. **Art. 25 Abs. 1 S. 3 lit. a) EuGVVO schriftlich** erfolgt sein, wobei gem. Art. 25 Abs. 2 EuGVVO eine **elektronische Übermittlung**, die eine dauerhafte

Aufzeichnung der Vereinbarung ermöglicht, der Schriftform gleichgestellt ist. Das „click-wrapping-Prinzip" entspricht nicht der elektronischen Form. Bei einem in klassischer Schriftform geschlossenen Vertrag liegt beiden Parteien der Vertragstext auch nach Vertragsschluss vollständig und jederzeit einsehbar vor.

Beim **„click-wrapping"** ist dies nicht der Fall, der Klick gleicht aufgrund seiner Flüchtigkeit eher einer mündlichen Vereinbarung. Zwar können die AGB jederzeit wieder auf der Internetseite der R-Fly abgerufen werden, es ist jedoch nicht gewährleistet, dass diese mit den AGB, die in den zuvor abgeschlossenen Vertrag mit einbezogen wurden, übereinstimmen.

Folglich ist die Gerichtsstandsklausel in den AGB der R-Fly nicht in elektronischer Form i.S.d. Art. 25 Abs. 2 EuGVVO geschlossen worden. Auch eine Bestätigung nach Art. 25 Abs. 2, Abs. 1 S. 3 lit. a) Fall 2 durch die R-Fly ist nicht erfolgt. Die Gerichtsstandsklausel ist daher formnichtig. Die Zuständigkeit des Gerichts wurde nicht wirksam abbedungen.

Selbst bei Wirksamkeit wäre das AG Geldern nach Art. 26 EuGVVO wegen rügeloser Einlassung zuständig. Die R-Fly beantragte Klageabweisung. Anders als § 39 ZPO erfordert Art. 26 EuGVVO keine Einlassung zur Hauptsache, sondern umfasst jede auf Klageabweisung gerichtete Verteidigungshandlung, also auch schon in einem vor der mündlichen Verhandlung eingereichten Schriftsatz. Der Antrag auf Klageabweisung ist als Verteidigungshandlung aufzufassen, da eine Rüge der internationalen Zuständigkeit nicht zugleich, sondern erst in einem späteren Schriftsatz erfolgte.

Ergebnis: Das AG Geldern ist zuständig.

d) Allgemeiner Gerichtsstand

Wenn exklusive Gerichtsstände nicht bestehen und Gerichtsstandsvereinbarungen bzw. rügeloses Einlassen nicht vorliegen, gelten der allgemeine Gerichtsstand und die besonderen Gerichtsstände.

Der allgemeine Gerichtsstand liegt gem. **Art. 4 Abs. 1 EuGVVO am Wohnsitz des Beklagten** (bzw. bei juristischen Personen an deren Sitz, vgl. Art. 63 EuGVVO). Dadurch wird der Beklagte begünstigt, der sich in seiner Heimatsprache und in einem ihm vertrauten Gerichtsstand verteidigen kann.

Demgegenüber hat der Kläger ein Wahlrecht zwischen allgemeinen und - soweit einschlägig - besonderen Gerichtsständen, so dass ihm ein gewisser Spielraum für *forum shopping* eröffnet ist.

Art. 4 Abs. 1 EuGVVO regelt allein die internationale Zuständigkeit. Die Bestimmung des örtlich zuständigen Gerichts bleibt der jeweiligen nationalen Rechtsordnung überlassen.

II. Sonstige Rechtsquellen

Neben der EuGVVO bestehen noch weitere Rechtsquellen zur Bestimmung der internationalen Zuständigkeit, beispielsweise die **EheVO („Brüssel IIa-VO“)**. Sie enthält Zuständigkeitsvor-schriften und regelt die Anerkennung und Vollstreckung im Bereich der Ehe- und Kindschaftssachen. Nach ihrem in Art. 1 Abs. 1 lit. b) definierten **Anwendungsbereich** regelt sie insbesondere die Entziehung des Sorge- und Umgangsrechts, nicht aber: Adoption, Name, Volljährigkeit, Unterhaltspflichten.

Zuständig sind grundsätzlich die Gerichte der Mitgliedstaaten am gewöhnlichen Aufenthalt des Kindes, Art. 8 Abs. 1 EheVO. Bei rechtmäßigem Aufenthaltswechsel, Art. 9 Abs. 1 EheVO bleibt das Gericht des ursprünglichen gewöhnlichen Aufenthalts noch drei Monate nach Umzug zuständig. Bei einer Kindesentführung gilt Art. 10 Abs. 1 EheVO.

Ist der Anwendungsbereich der EuGVVO und anderer Übereinkommen nicht gegeben, ist autonomes deutsches Recht anzuwenden. Die Regeln der ZPO bzgl. der örtlichen Zuständigkeit haben insoweit eine Doppelfunktion. Sie regeln auch die internationale Zuständigkeit.

III. Ausländisches Recht im Prozess

Hat ein deutsches Gericht ausländisches Recht anzuwenden, muss das Gericht dieses von Amts wegen feststellen, indem die ausländische Rechtsprechung und Literatur erforscht wird. Die Gerichte haben aber nach § 293 ZPO das Freibeweisverfahren zu beachten, so dass das Gericht von den Parteien in Auftrag gegebene Privatgutachten oder aber auch eigene wissenschaftliche Gutachten einholen kann.

IV. Internationale Zustellung

In Fällen mit Auslandsbezug ist es für ein nationales Gericht nicht immer leicht, einem Beklagten im Ausland eine Klage oder einem Zeugen im Ausland eine Ladung zuzustellen. Daher gibt es diverse Rechtshilfeabkommen in Zivilsachen.

Schriftstücke können auf Grundlage der EuZVO (Verordnung EG Nr. 1393/2007 über die Zustellung gerichtlicher und außergerichtlicher Schriftstücke in Handels- und Zivilsachen in den Mitgliedsstaaten v. 13.11.2007) innerhalb Europas zugestellt werden.

Das Haager-Zustellungsübereinkommen (HZÜ) ermöglicht die Zustellung außerhalb der EU.

V. Anerkennung und Vollstreckung ausländischer Entscheidungen

Nach Art. 39 EuGVVO ist eine in einem Mitgliedstaat ergangene Entscheidung, die in diesem Mitgliedstaat vollstreckbar ist, in den anderen Mitgliedstaaten vollstreckbar, ohne dass es einer Vollstreckbarerklärung bedarf.

Auch bei der Vollstreckung – und sogar bei der ihr vorausgehenden Zustellung von Klagen – ist der *ordre public* zu berücksichtigen.

Beispiel: „Napster und die class-action auf punitive damages" (BVerfGE 108, 238): Eine Gruppe US-amerikanischer Musikautoren und Musikverlage hat vor dem District Court in New York eine Schadensersatzklage als Sammelklage *(class action)* gegen den deutschen Medienkonzern B-AG eingeleitet. Bei diesem Verfahren handeln die Kläger im eigenen Namen und als Repräsentanten für alle anderen von dem streitgegenständlichen Ereignis betroffenen Personen. Diese Gruppenmitglieder sind den Beteiligten weder bekannt, noch müssen sie vor Gericht erscheinen. Gleichwohl ist eine Entscheidung in dem Rechtsstreit oder ein Vergleich auch für sie bindend. Die Sammelklage beläuft sich auf einen Betrag von 17 Milliarden US-Dollar. Die Zustellung der Klageschrift ist zum einen Prozessvoraussetzung im US-amerikanischen Recht, zum anderen ist sie nach deutschem Zivilprozessrecht die Voraussetzung für eine spätere Anerkennung des ausländischen Urteils in Deutschland. Ist das OLG Düsseldorf als für Zustellungen in NRW zentrale Behörde i.S.d. Art. 2 HZÜ zur Zustellung der Klage verpflichtet?

Lösung: Das BVerfG hat im Wege einer einstweiligen Anordnung zugunsten der B-AG entschieden.

Eine Überprüfung der Zustellung anhand der innerstaatlichen Rechtsordnung ist grundsätzlich ausgeschlossen, da das HZÜ den Zweck hat, als Instrument der gegenseitigen Rechtshilfe ein möglichst einfaches und schnelles Zustellungsverfahren zu ermöglichen.

Ein Zustellungsersuchen kann gem. Art. 13 Abs. 1 HZÜ aber abgelehnt werden, wenn der ersuchte Staat die Zustellung für geeignet hält, seine Hoheitsrechte oder seine Sicherheit zu gefährden. Diese Ausnahme ist eng auszulegen, denn fremde Rechtsordnungen und –anschauungen sind grundsätzlich zu respektieren, auch wenn sie nicht mit den deutschen innerstaatlichen Auffassungen übereinstimmen.

Dies erreicht jedoch dort seine Grenzen, wo die ausländische, im Klageweg geltend gemachte Forderung - jedenfalls in ihrer Höhe - offenkundig keine substantielle Grundlage hat. Werden Verfahren vor staatlichen Gerichten in einer offenkundig missbräuchlichen Art und Weise genutzt, um mit publizistischem Druck und dem Risiko einer Verurteilung einen Marktteilnehmer gefügig zu machen, könnte dies deutsches Verfassungsrecht verletzen.
Art. 40 Abs. 3 EGBGB regelt einen ähnlichen Gedanken. Er bestimmt, dass Ansprüche, die dem Recht eines anderen Staates unterliegen, nicht geltend gemacht werden können, soweit sie wesentlich weiter gehen als sie zur angemessenen Entschädigung des Verletzten erforderlich sind oder offensichtlich anderen Zwecken als einer angemessenen Entschädigung des Verletzten dienen oder haftungsrechtlichen Regelungen eines für die Bundesrepublik Deutschland verbindlichen Übereinkommens widersprechen.

Verstößt schon die Zustellung einer ausländischen Klage gegen unverzichtbare Grundsätze des freiheitlichen Rechtsstaates, so ist fraglich, ob deutsche Behörden in diesem Fall die Rechtshilfe mit dem Hinweis leisten dürfen, der Betroffene habe noch im weiteren Verlauf des Verfahrens - etwa im Rahmen der Anerkennung des ausländischen Titels nach § 328 Abs. 1 ZPO - die Möglichkeit, den Verstoß zu rügen. Denn aus der Zustellung ergeben sich für den Empfänger bereits Rechtsfolgen, die geeignet sind, ihn in seinen grundrechtlich geschützten Positionen zu beeinträchtigen. Die Folgenabwägung fällt hier zu Gunsten der B-AG aus.

Mit der Zustellung und dem Fortgang des US-amerikanischen Verfahrens ist die B-AG der Gefahr einer Verurteilung ausgesetzt, die bei angenommenen Erfolg in der Hauptsache den Maßstäben des Grundgesetzes - wie sie von Art. 13 Abs. 1 HZÜ aufgenommen werden - nicht standhielte.

Die Möglichkeit, dass das Urteil in einem späteren Verfahrensstadium im Inland nicht anerkannt oder für nicht vollstreckbar erklärt wird, könnte die Beschwerdeführerin weder vor einer Vollstreckung in ihr in den Vereinigten Staaten belegenes Vermögen noch vor einem mit der Zustellung geförderten Reputationsverlust bewahren.

Ergebnis: Das OLG Düsseldorf ist nicht zur Zustellung der Klage verpflichtet.

? *Wiederholungs- und Vertiefungsfragen*

1. Welche Kriterien sind heranzuziehen, um ein „Ausrichten" i.S.d. Art. 15 Abs. 1 lit. c) EuGVVO zu ermitteln? Wie beurteilt der EuGH diesbezüglich Websites und „dual use" -Fälle?

2. Der Kläger beabsichtigte eine Eigentumswohnung auf einer griechischen Insel zu erwerben. Bei der Abwicklung des Geschäfts sollte ein griechischer Rechtsanwalt, der über deutsche Sprachkenntnisse verfügt, Hilfe leisten. Als das Geschäft scheiterte, nahm der Kläger den Rechtsanwalt auf Schadensersatz in Anspruch. Die Zuständigkeit der deutschen Gerichte sah er gem. Art. 17 Abs. 1 lit. c) EuGVVO für gegeben an, da der Rechtsanwalt auf der Internetseite der deutschen Botschaft in Athen sowie auf einer Immobilienseite und der Homepage einer deutschen Rechtsschutzversicherung als in Griechenland tätiger Rechtsanwalt aufgeführt sei. Zu Recht?

3. Nennen Sie Beispiele, in denen sich eine vertragsautonome Auslegung von einer nationalen Auslegung unterscheidet!

✔ *Lösungen der Wiederholungs- und Vertiefungsfragen*

1. und 3. siehe Text.

2. Vgl. zur Lösung des Falles den Beschluss des BGH v. 17.9.2008 – III ZR 71/08, NJW 2009, 298 (zum Art. 17 Abs. 1 lit. c) EuGVVO nF entsprechenden Art. 15 Abs. 1 lit. c) EuGVVO aF).

Standardfälle IPR

Autoren: Malkus/Pierenkemper/Schulz

ISBN 978-3-86724-139-7
Preis: 9,90 €

Insolvenzrecht

Autor: Dr. Frank Krüger,
Fachanwalt für Insolvenzrecht

ISBN 978-3-86724-130-4
9,90 €

Standardfälle ZPO
Klausurtypische ZPO-Standardfälle

Autor: Dr. Constantin Kruse

ISBN 978-3-86724-153-3
9,90 €